Minna Von Barnhelm, Oder, Das Soldatengl??ck, Volume 1...

Gotthold Ephraim Lessing

Minna von Barnhelm.

Minna von Barnhelm

oder

das Soldatenglück.

Ein Lustspiel in fünf Aufzügen

von

Gotth. Ephr. Lessing.

Mit Lessing's Bildniß nach Johann Heinrich Tischbein und
zwölf Kupferstichen nach Dan. Chodowiecki.

Leipzig,

Verlag von Wilhelm Engelmann.

1870.

Druck von Breitkopf und Härtel in Leipzig.

Goethe

über die Minna von Barnhelm.

Eines Werks aber, der wahrsten Ausgeburt des siebenjährigen Krieges, von vollkommen norddeutschem National-
gehalt muß ich hier vor allen ehrenvoll erwähnen: es ist die
erste, aus dem bedeutenden Leben gegriffene Theaterproduction,
von specifisch temporärem Gehalt, die deßwegen auch eine nie
zu berechnende Wirkung that: Minna von Barnhelm. Lessing,
der, im Gegensatze von Klopstock und Gleim, die persönliche
Würde gern wegwarf, weil er sich zutraute, sie jeden Augenblick wieder ergreifen und aufnehmen zu können, gefiel sich in
einem zerstreuten Wirthshaus- und Welt-Leben, da er gegen
sein mächtig arbeitendes Innere stets ein gewaltiges Gegen-
gewicht brauchte, und so hatte er sich auch in das Gefolge des
Generals Tauentzien begeben. Man erkennt leicht, wie ge-
nanntes Stück zwischen Krieg und Frieden, Haß und Neigung
erzeugt ist. Diese Production war es, die den Blick in eine
höhere, bedeutendere Welt aus der literarischen und bürger-
lichen, in welcher sich die Dichtkunst bisher bewegt hatte,
glücklich eröffnete.

Die gehässige Spannung, in welcher Preußen und Sachsen sich während dieses Kriegs gegen einander befanden, konnte durch die Beendigung desselben nicht aufgehoben werden. Der Sachse fühlte nun erst recht schmerzlich die Wunden, die ihm der überstolz gewordene Preuße geschlagen hatte. Durch den politischen Frieden konnte der Friede zwischen den Gemüthern nicht sogleich hergestellt werden. Dieses aber sollte gedachtes Schauspiel im Bilde bewirken. Die Anmuth und Liebenswürdigkeit der Sächsinnen überwindet den Werth, die Würde, den Starrsinn der Preußen, und sowohl an den Hauptpersonen als den Subalternen wird eine glückliche Vereinigung bizarrer und widerstrebender Elemente kunstgemäß dargestellt.

Werke. 25. Bd. Vollständigste Ausgabe letzter Hand.
Stuttgart 1830. Seite 106, 7.

Minna von Barnhelm.

1767.

~~~~~~~~~~~~

(Abdruck nach Vergleichung der Handschrift.)

Personen.

Major von Tellheim, verabschiedet.

Minna von Barnhelm.

Graf von Bruchsall, ihr Oheim.

Francisca, ihr Mädchen.

Just, Bedienter des Majors.

Paul Werner, gewesener Wachtmeister des Majors.

Der Wirth.

Eine Dame in Trauer.

Ein Feldjäger.

Riccaut de la Marliniere.

Die Scene ist abwechselnd in dem Saale eines Wirthshauses und einem daran stoßenden Zimmer.

———

Erster Aufzug.

***

Erster Auftritt.

Just (sitzet in einem Winkel, schlummert, und redet im Traume.)

Schurke von einem Wirthe! Du, uns? — Frisch, Bruder! — Schlage zu, Bruder! — (Er hohlt aus, und erwacht durch die Bewegung.) He da! schon wieder? Ich mache kein Auge zu, so schlage ich mich mit ihm herum. Hätte er nur erst die Hälfte von allen den Schlägen! — — Doch sieh, es ist Tag! Ich muß nur bald meinen armen Herrn aufsuchen. Mit meinem Willen, soll er keinen Fuß mehr in das vermaledeyte Haus setzen. Wo wird er die Nacht zugebracht haben?

***

Zweyter Auftritt.

Der Wirth. Just.

Der Wirth. Guten Morgen, Herr Just, guten Morgen! Ey, schon so früh auf? Oder soll ich sagen: noch so spät auf?

Just. Sage Er, was Er will.

Lessing, Minna von Barnhelm.   1

Der Wirth. Ich sage nichts als guten Morgen; und das verdient doch wohl, daß Herr Just, großen Dank! darauf sagt?

Just. Großen Dank!

Der Wirth. Man ist verdrießlich, wenn man seine gehörige Ruhe nicht haben kann. Was gilts, der Herr Major ist nicht nach Hause gekommen, und Er hat hier auf ihn gelauert?

Just. Was der Mann nicht alles errathen kann!

Der Wirth. Ich vermuthe, ich vermuthe.

Just (kehrt sich um und will gehen). Sein Diener!

Der Wirth (hält ihn). Nicht doch, Herr Just!

Just. Nun gut; nicht sein Diener!

Der Wirth. Ey, Herr Just! ich will doch nicht hoffen, Herr Just, daß Er noch von gestern her böse ist? Wer wird seinen Zorn über Nacht behalten?

Just. Ich; und über alle folgende Nächte.

Der Wirth. Ist das christlich?

Just. Eben so christlich, als einen ehrlichen Mann, der nicht gleich bezahlen kann, aus dem Hause stoßen, auf die Straße werfen.

Der Wirth. Pfuy, wer könnte so gottlos sein?

Just. Ein christlicher Gastwirth. — Meinen Herrn! so einen Mann! so einen Officier!

Der Wirth. Den hätte ich aus dem Hause gestoßen? auf die Straße geworfen? Dazu habe ich viel zu viel Achtung für einen Officier, und viel zu viel Mitleid mit einem abgedankten! Ich habe ihm aus Noth ein ander

Zimmer einräumen müssen. — Denke Er nicht mehr daran, Herr Just. (Er ruft in die Scene.) Holla! — Ich wills auf andere Weise wieder gut machen. (Ein Junge kömmt.) Bring ein Gläschen; Herr Just will ein Gläschen haben; und was gutes!

Just. Mache Er sich keine Mühe, Herr Wirth. Der Tropfen soll zu Gift werden, den — Doch ich will nicht schwören; ich bin noch nüchtern.

Der Wirth (zu dem Jungen, der eine Flasche Liqueur und ein Glas bringt). Gieb her; geh! — Nun, Herr Just; was ganz vortreffliches; stark, lieblich, gesund. (Er füllt und reicht ihm zu.) Das kann einen überwachten Magen wieder in Ordnung bringen!

Just. Bald dürfte ich nicht! — — Doch warum soll ich meiner Gesundheit seine Grobheit entgelten lassen? — (er nimmt und trinkt.)

Der Wirth. Wohl bekomms, Herr Just!

Just (indem er das Gläschen wieder zurückgiebt). Nicht übel! — Aber, Herr Wirth, Er ist doch ein Grobian!

Der Wirth. Nicht doch, nicht doch! — Geschwind noch eins; auf einem Beine ist nicht gut stehen.

Just (nachdem er getrunken). Das muß ich sagen: gut, sehr gut! — Selbst gemacht, Herr Wirth? —

Der Wirth. Behüte! veritabler Danziger! Echter, doppelter Lachs!

Just. Sieht er, Herr Wirth; wenn ich heucheln könnte, so würde ich für so was heucheln; aber ich kann nicht: es muß raus — Er ist doch ein Grobian, Herr Wirth!

1 *

Der Wirth. In meinem Leben hat mir das noch niemand gesagt. — Noch eins, Herr Just; aller guten Dinge sind drey!

Just. Meinetwegen! (er trinkt.) Gut Ding, wahrlich gut Ding! — Aber auch die Wahrheit ist gut Ding. — Herr Wirth, Er ist doch ein Grobian!

Der Wirth. Wenn ich es wäre, würde ich das wohl so mit anhören?

Just. O ja, denn selten hat ein Grobian Galle.

Der Wirth. Nicht noch eins, Herr Just? Eine vierfache Schnur hält desto besser.

Just. Nein, zu viel ist zu viel! Und was hilfts Ihn, Herr Wirth? Bis auf den letzten Tropfen in der Flasche würde ich bey meiner Rede bleiben. Pfuy, Herr Wirth, so guten Danziger zu haben, und so schlechte Mores! — Einen Mann, wie meinen Herrn, der Jahr und Tag bey Ihm gewohnt, von dem Er schon so manchen schönen Thaler gezogen, der in seinem Leben keinen Heller schuldig geblieben ist; weil er ein Paar Monate her nicht prompt bezahlt, weil er nicht mehr so viel aufgehen läßt, — in der Abwesenheit das Zimmer auszuräumen!

Der Wirth. Da ich aber das Zimmer nothwendig brauchte? da ich voraus sah, daß der Herr Major es selbst gutwillig würde geräumt haben, wenn wir nur lange auf seine Zurückkunft hätten warten können? Sollte ich denn so eine fremde Herrschaft wieder von meiner Thüre wegfahren lassen? Sollte ich einem andern Wirthe so einen Verdienst muthwillig in den Rachen jagen? Und ich glaube

1.Aufzug 2.Auftritt.

D. Chodowiecki, del.

nicht einmal, daß sie sonst wo untergekommen wäre. Die Wirthshäuser sind iezt alle stark besezt. Sollte eine so junge, schöne, liebenswürdige Dame, auf der Straße bleiben? Dazu ist Sein Herr viel zu galant! Und was verliert er denn dabey? Habe ich ihm nicht ein anderes Zimmer dafür eingeräumt?

Just. Hinten an dem Taubenschlage; die Aussicht zwischen des Nachbars Feuermauern —

Der Wirth. Die Aussicht war wohl sehr schön, ehe sie der verzweifelte Nachbar verbaute. Das Zimmer ist doch sonst galant, und tapeziert —

Just. Gewesen!

Der Wirth. Nicht doch, die eine Wand ist es noch. Und Sein Stübchen darneben, Herr Just; was fehlt dem Stübchen? Es hat einen Kamin; der zwar im Winter ein wenig raucht — —

Just. Aber doch im Sommer recht hübsch läßt. — Herr, ich glaube gar, er vexirt uns noch oben drein? —

Der Wirth. Nu, nu, Herr Just, Herr Just —

Just. Mache Er Herr Justen den Kopf nicht warm, oder —

Der Wirth. Ich machte ihn warm? der Danziger thuts! —

Just. Einen Officier wie meinen Herrn! Oder meint Er, daß ein abgedankter Officier nicht auch ein Officier ist, der Ihm den Hals brechen kann? Warum waret ihr denn im Kriege so geschmeidig, ihr Herren Wirthe? Warum war denn da jeder Officier ein würdiger Mann, und jeder

Soldat ein ehrlicher braver Kerl? Macht euch das Bischen
Friede schon so übermüthig?

Der Wirth. Was ereyfert Er sich nun, Herr Just? —

Just. Ich will mich ereyfern — —

Dritter Auftritt.

v. Tellheim. Der Wirth. Just.

v. Tellheim (im Hereintreten). Just!

Just (in der Meynung, daß ihn der Wirth nenne). So be=
kannt sind wir? —

v. Tellheim. Just!

Just. Ich dächte, ich wäre wohl Herr Just für Ihn?

Der Wirth (der den Major gewahr wird). St! St! Herr,
Herr, Herr Just, — seh Er sich doch um; sein Herr — —

v. Tellheim. Just, ich glaube du zankst? Was
habe ich dir befohlen?

Der Wirth. O, Ihro Gnaden! zanken? da sey Gott
vor! Ihr unterthänigster Knecht sollte sich unterstehen, mit
einem der die Gnade hat, Ihnen anzugehören, zu zanken?

Just. Wenn ich ihm doch eins auf den Katzenbuckel
geben dürfte! — —

Der Wirth. Es ist wahr, Herr Just spricht für seinen
Herrn, und ein wenig hitzig. Aber daran thut er recht;
ich schätze ihn um so viel höher; ich liebe ihn darum —

Just. Daß ich ihm nicht die Zähne austreten soll!

Der Wirth. Nur Schade, daß er sich umsonst erhitzet. Denn ich bin gewiß versichert, daß Ihro Gnaden keine Ungnade deswegen auf mich geworfen haben, weil — die Noth — mich —

v. Tellheim. Schon zu viel, mein Herr! Ich bin Ihnen schuldig; Sie räumen mir, in meiner Abwesenheit, das Zimmer aus; Sie müssen bezahlt werden; ich muß wo anders unterzukommen suchen. Sehr natürlich! —

Der Wirth. Wo anders? Sie wollen ausziehen, gnädiger Herr? Ich unglücklicher Mann! Ich geschlagner Mann! Nein, nimmermehr! Eher muß die Dame das Quartier wieder räumen. Der Herr Major kann ihr, will ihr sein Zimmer nicht lassen. Das Zimmer ist sein; sie muß fort; ich kann ihr nicht helfen. — Ich gehe, gnädiger Herr —

v. Tellheim. Freund, nicht zwey dumme Streiche für einen! Die Dame muß in dem Besitze des Zimmers bleiben. — —

Der Wirth. Und Ihro Gnaden sollten glauben, daß ich aus Mißtrauen, aus Sorge für meine Bezahlung? — — Als wenn ich nicht wüßte, daß mich Ihro Gnaden bezahlen können, so bald Sie nur wollen. — — Das versiegelte Beutelchen — fünfhundert Thaler Louisdor, stehet drauf — — welches Ihro Gnaden in dem Schreibepulte stehen gehabt — — ist in guter Verwahrung —

v. Tellheim. Das will ich hoffen; so wie meine übrigen Sachen. — Just soll sie in Empfang nehmen, wenn er Ihnen die Rechnung bezahlt hat — —

Der Wirth. Wahrhaftig, ich erschrack recht, als ich das Beutelchen fand. — Ich habe immer Ihro Gnaden für einen ordentlichen und vorsichtigen Mann gehalten, der sich niemals ganz ausgiebt, — — aber dennoch — — wenn ich baar Geld in dem Schreibepulte vermuthet hätte — —

v. Tellheim. Würden Sie höflicher mit mir verfahren seyn. Ich verstehe Sie — Gehen Sie nur, mein Herr; lassen Sie mich; ich habe mit meinem Bedienten zu sprechen — —

Der Wirth. Aber gnädiger Herr — —

v. Tellheim. Komm Just, der Herr will nicht erlauben, daß ich dir in seinem Hause sage, was du thun sollst — —

Der Wirth. Ich gehe ja schon, gnädiger Herr — Mein ganzes Haus ist zu Ihren Diensten.

Vierter Auftritt.

v. Tellheim. Just.

Just (der mit dem Fuße stampft und dem Wirthe nachspuckt). Pfuy!

v. Tellheim. Was giebts?

Just. Ich ersticke vor Bosheit.

v. Tellheim. Das wäre so viel, als an Vollblütigkeit.

Just. Und Sie — Sie erkenne ich nicht mehr, mein

Herr. Ich sterbe vor Ihren Augen, wenn Sie nicht der Schutzengel dieses hämischen, unbarmherzigen Rackers sind! Trotz Galgen und Schwerd und Rad, hätte ich ihn — hätte ich ihn mit diesen Händen erdroßeln, mit diesen Zähnen zerreißen wollen. —

v. Tellheim. Bestie!

Just. Lieber Bestie, als so ein Mensch!

v. Tellheim. Was willst du aber?

Just. Ich will, daß Sie es empfinden sollen, wie sehr man Sie beleidiget.

v. Tellheim. Und dann?

Just. Daß Sie Sich rächten — Nein, der Kerl ist Ihnen zu gering —

v. Tellheim. Sondern, daß ich es dir auftrüge, mich zu rächen? Das war von Anfang mein Gedanke. Er hätte mich nicht wieder mit Augen sehen, und seine Bezahlung aus deinen Händen empfangen sollen. Ich weiß, daß du eine Hand voll Geld mit einer ziemlich verächtlichen Miene hinwerfen kannst. —

Just. So? eine vortreffliche Rache! —

v. Tellheim. Aber die wir noch verschieben müssen. Ich habe keinen Heller baares Geld mehr; ich weiß auch keines aufzutreiben.

Just. Kein baares Geld? Und was ist denn das für ein Beutel, mit fünfhundert Thaler Louisdor, den der Wirth in Ihrem Schreibpulte gefunden?

v. Tellheim. Das ist Geld, welches mir aufzuheben gegeben worden.

Juſt. Doch nicht die hundert Piſtolen, die Ihnen Ihr alter Wachtmeiſter vor vier oder fünf Wochen brachte?

v. Tellheim. Die nehmlichen, von Paul Wernern. Warum nicht?

Juſt. Dieſe haben Sie noch nicht gebraucht? Mein Herr, mit dieſen können Sie machen was Sie wollen. Auf meine Verantwortung —

v. Tellheim. Wahrhaftig?

Juſt. Werner hörte von mir, wie ſehr man Sie mit Ihren Forderungen an die Generalkriegskaſſe aufzieht. Er hörte —

v. Tellheim. Daß ich ſicherlich zum Bettler werden würde, wenn ich es nicht ſchon wäre. — Ich bin dir ſehr verbunden, Juſt. — Und dieſe Nachricht vermochte Wernern, ſein Bißchen Armuth mit mir zu theilen. — Es iſt mir doch lieb, daß ich es errathen habe. — Höre Juſt, mache mir zugleich auch deine Rechnung; wir ſind geſchiedene Leute. — —

Juſt. Wie? was?

v. Tellheim. Kein Wort mehr; es kömmt jemand —

Fünfter Auftritt.

Eine Dame in Trauer. v. Tellheim. Juſt.

Die Dame. Ich bitte um Verzeihung, mein Herr —

v. Tellheim. Wen ſuchen Sie, Madame? —

Die Dame. Eben den würdigen Mann, mit welchem ich die Ehre habe zu sprechen. Sie kennen mich nicht mehr? Ich bin die Wittwe Ihres ehemahligen Staabsritt=meisters —

v. Tellheim. Um des Himmels willen, gnädige Frau! welche Veränderung —

Die Dame. Ich stehe von dem Krankenbette auf, auf das mich der Schmerz über den Verlust meines Mannes warf. Ich muß Ihnen früh beschwerlich fallen, Herr Major. Ich reise auf das Land, wo mir eine gutherzige, aber eben auch nicht glückliche Freundin eine Zuflucht vors erste angeboten —

v. Tellheim. (zu Just) Geh, laß uns allein —

Sechster Auftritt.

Die Dame. v. Tellheim.

v. Tellheim. Reden Sie frey, gnädige Frau! Vor mir dürfen Sie sich Ihres Unglücks nicht schämen. Kann ich Ihnen worinn dienen?

Die Dame. Mein Herr Major —

v. Tellheim. Ich beklage Sie, gnädige Frau! Worinn kann ich Ihnen dienen? Sie wissen, ihr Gemahl war mein Freund. Mein Freund, sage ich, ich war immer karg mit diesem Titel.

Die Dame. Wer weiß es besser, als ich, wie werth

Sie seiner Freundschaft waren, wie werth er der Ihrigen war? Sie würden sein letzter Gedanke, Ihr Name der letzte Ton seiner sterbenden Lippen gewesen seyn, hätte nicht die stärkere Natur dieses traurige Vorrecht für seinen unglücklichen Sohn, für seine unglückliche Gattin gefodert —

v. Tellheim. Hören Sie auf, Madame! Weinen wollte ich mit Ihnen gern; aber ich habe heute keine Thränen. Verschonen Sie mich! Sie finden mich in einer Stunde, wo ich leicht zu verleiten wäre, wider die Vorsicht zu murren. — O mein rechtschaffner Marloff! Geschwind, gnädige Frau, was haben Sie zu befehlen? Wenn ich Ihnen zu dienen im Stande bin, wenn ich es bin —

Die Dame. Ich darf nicht abreisen, ohne seinen letzten Willen zu vollziehen. Er erinnerte sich kurz vor seinem Ende, daß er als Ihr Schuldner sterbe, und beschwor mich, diese Schuld mit der ersten Baarschaft zu tilgen. Ich habe seine Equipage verkauft, und komme seine Handschrift einzulösen —

v. Tellheim. Wie, gnädige Frau? darum kommen Sie?

Die Dame. Darum. Erlauben Sie, daß ich das Geld aufzähle.

v. Tellheim. Nicht doch, Madame. Marloff mir schuldig? das kann schwerlich seyn. Lassen Sie doch sehen. (Er ziehet sein Taschenbuch heraus und sucht) Ich finde nichts.

Die Dame. Sie werden seine Handschrift verlegt haben, und die Handschrift thut nichts zur Sache. — Erlauben Sie —

v. Tellheim. Nein, Madame! So etwas pflege ich nicht

1. Aufzug 6. Auftritt.

zu verlegen. Wenn ich sie nicht habe, so ist es ein Beweis, daß ich nie eine gehabt habe, oder daß sie getilgt und von mir schon zurück gegeben worden.

Die Dame. Herr Major —

v. Tellheim. Ganz gewiß, gnädige Frau. Nein, Marloff ist mir nichts schuldig geblieben. Ich wüßte mich auch nicht zu erinnern, daß er mir jemals etwas schuldig gewesen wäre. Nicht anders Madame; er hat mich vielmehr als seinen Schuldner hinterlassen. Ich habe nie etwas thun können, mich mit einem Manne abzufinden, der sechs Jahr Glück und Unglück, Ehre und Gefahr mit mir getheilet. Ich werde es nicht vergessen, daß ein Sohn von ihm da ist. Er wird mein Sohn seyn, so bald ich sein Vater seyn kann. Die Verwirrung, in der ich mich jetzt selbst befinde —

Die Dame. Edelmüthiger Mann! Aber denken Sie auch von mir nicht zu klein. Nehmen Sie das Geld, Herr Major; so bin ich wenigstens beruhiget. —

v. Tellheim. Was brauchen Sie zu Ihrer Beruhigung weiter, als meine Versicherung, daß mir dieses Geld nicht gehöret? Oder wollen Sie, daß ich die unerzogene Wayse meines Freundes bestehlen soll? Bestehlen, Madame; das würde es in dem eigentlichsten Verstande seyn. Ihm gehört es; für ihn legen Sie es an. —

Die Dame. Ich verstehe Sie; verzeihen Sie nur, wenn ich noch nicht recht weiß, wie man Wohlthaten annehmen muß. Woher wissen es denn aber auch Sie, daß eine Mutter mehr für ihren Sohn thut, als sie für ihr eigen Leben thun würde? Ich gehe —

v. Tellheim. Gehen Sie, Madame, gehen Sie! Reisen Sie glücklich! Ich bitte Sie nicht, mir Nachricht von Ihnen zu geben. Sie möchte mir zu einer Zeit kommen, wo ich sie nicht nutzen könnte. Aber noch eines, gnädige Frau! bald hätte ich das Wichtigste vergessen. Marloff hat noch an der Casse unsers ehemaligen Regiments zu fordern. Seine Forderungen sind so richtig, wie die meinigen. Werden meine bezahlt, so müssen auch die seinigen bezahlt werden. Ich hafte dafür. —

Die Dame. O mein Herr — — Aber ich schweige lieber. — Künftige Wohlthaten so vorbereiten, heißt sie in den Augen des Himmels schon erwiesen haben. Empfangen Sie seine Belohnung, und meine Thränen!

(geht ab.)

Siebender Auftritt.

v. Tellheim.

Armes, braves Weib! Ich muß nicht vergessen, den Bettel zu vernichten. (er nimmt aus seinem Taschenbuche Briefschaften, die er zerreißt) Wer steht mir dafür, daß eigner Mangel mich nicht einmal verleiten könnte, Gebrauch davon zu machen?

Achter Auftritt.

v. Tellheim. Juft.

v. Tellheim. Bift du da?

Juft (indem er fich die Augen wifcht). Ja!

v. Tellheim. Du haft geweint?

Juft. Ich habe in der Küche meine Rechnung ge-
fchrieben, und die Küche ift voll Rauch. Hier ift fie,
mein Herr!

v. Tellheim. Gieb her.

Juft. Haben Sie Barmherzigkeit mit mir, mein Herr.
Ich weiß wohl, daß die Menfchen mit Ihnen keine haben;
aber —

v. Tellheim. Was willft du? —

Juft. Ich hätte mir eher den Tod, als meinen Ab-
fchied vermuthet.

v. Tellheim. Ich kann dich nicht länger brauchen; ich
muß mich ohne Bedienten behelfen lernen. (Schlägt die Rechnung
auf, und liefet) „Was der Herr Major mir fchuldig: Drey
„und einen halben Monat Lohn, den Monat 6 Thaler, macht
„21 Thaler. Seit dem erften diefes an Kleinigkeiten aus-
„gelegt, 1 Thlr. 7 Gr. 9 Pf. Summa Summarum, 22 Tha-
„ler 7 Gr. 9 Pf." — Gut, und es ift billig, daß ich dir diefen
laufenden Monat ganz bezahle.

Juft. Die andere Seite, Herr Major —

v. Tellheim. Noch mehr? (liefet) „Was dem Herrn
„Major ich fchuldig: An den Feldfcheer für mich bezahlt
„25 Thaler. Für Wartung und Pflege, während meiner Cur,

„für mich bezahlt, 39 Thlr. Meinem abgebrannten und ge=
„plünderten Vater, auf meine Bitte, vorgeschoßen, ohne die
„zwey Beutepferde zu rechnen, die er ihm geschenkt, 50 Thaler.
„Summa Summarum 114 Thaler. Davon abgezogen vor=
„stehende 22 Thl. 7 Gr. 9 Pf. bleibe dem Herrn Major
„schuldig, 91 Thlr. 16 gr. 3 Pf“ — Kerl, du bist toll! —

Just. Ich glaube es gern, daß ich Ihnen weit mehr
koste.' Aber es wäre verlorne Dinte, es dazu zu schreiben.
Ich kann Ihnen das nicht bezahlen, und wenn Sie mir
vollends die Liverey nehmen, die ich auch noch nicht ver=
dient habe, — so wollte ich lieber, Sie hätten mich in
dem Lazarethe krepiren laßen.

v. Tellheim. Wofür siehst du mich an? Du bist
mir nichts schuldig, und ich will dich einem von meinen
Bekannten empfehlen, bey dem du es beßer haben sollst,
als bey mir.

Just. Ich bin Ihnen nichts schuldig, und doch wollen
Sie mich verstoßen?

v. Tellheim. Weil ich dir nichts schuldig werden will.

Just. Darum? nur darum? — So gewiß ich Ihnen
schuldig bin, so gewiß Sie mir nichts schuldig werden
können, so gewiß sollen Sie mich nun nicht verstoßen. —
Machen Sie, was Sie wollen, Herr Major; ich bleibe bei
Ihnen; ich muß bei Ihnen bleiben. —

v. Tellheim. Und deine Hartnäckigkeit, dein Trotz.
dein wildes ungestümes Wesen gegen alle, von denen du
meynst, daß Sie dir nichts zu sagen haben, deine tückische
Schadenfreude, deine Rachsucht — —

Just. Machen Sie mich so schlimm, wie Sie wollen; ich will darum doch nicht schlechter von mir denken, als von meinem Hunde. Vorigen Winter ging ich in der Demmerung an dem Kanale, und hörte etwas winseln. Ich stieg herab, und griff nach der Stimme, und glaubte ein Kind zu retten, und zog einen Pudel aus dem Wasser. Auch gut; dachte ich. Der Pudel kam mir nach; aber ich' bin kein Liebhaber von Pudeln. Ich jagte ihn fort, umsonst; ich prügelte ihn von mir, umsonst. Ich ließ ihn des Nachts nicht in meine Kammer; er blieb vor der Thüre auf der Schwelle. Wo er mir zu nahe kam, stieß ich ihn mit dem Fuße; er schrie, sahe mich an, und wedelte mit dem Schwanze. Noch hat er keinen Bissen Brod aus meiner Hand bekommen; und doch bin ich der einzige, dem er hört, und der ihn anrühren darf. Er springt vor mir her, und macht mir seine Künste unbefohlen vor. Es ist ein häßlicher Pudel, aber ein gar guter Hund. Wenn er es länger treibt, so höre ich endlich auf, den Pudeln gram zu seyn.

v. Tellheim. (bey Seite) So wie ich ihm! Nein, es giebt keine völlige Unmenschen! — — Just, wir bleiben beysammen.

Just. Ganz gewiß! — Sie wollten Sich ohne Bedienten behelfen? Sie vergessen Ihrer Blessuren, und daß Sie nur eines Armes mächtig sind. Sie können sich ja nicht allein ankleiden. Ich bin Ihnen unentbehrlich; und bin — — ohne mich selbst zu rühmen, Herr Major — und bin ein Bedienter, der — wenn das Schlimmste zum

Schlimmen kömmt, — für seinen Herrn betteln und stehlen kann.

v. Tellheim. Just, wir bleiben nicht beysammen.

Just. Schon gut!

Neunter Auftritt.
Ein Bedienter. v. Tellheim. Just.

Der Bediente. Bst! Kammerad!

Just. Was giebts?

Der Bediente. Kann Er mir nicht den Officier nach-weisen, der gestern noch in diesem Zimmer (auf eines an der Seite zeigend, von welcher er herkömmt) gewohnt hat?

Just. Das dürfte ich leicht können. Was bringt Er ihm?

Der Bediente. Was wir immer bringen, wenn wir nichts bringen;. ein Kompliment. Meine Herrschaft hört, daß er durch sie verdrengt worden. Meine Herrschaft weiß zu leben, und ich soll ihn deßfalls um Verzeihung bitten.

Just. Nun so bitte Er ihn um Verzeihung; da steht er.

Der Bediente. Was ist er? Wie nennt man ihn?

v. Tellheim. Mein Freund, ich habe Euern Auftrag schon gehört. Es ist eine überflüssige Höflichkeit von Eurer Herrschaft, die ich erkenne, wie ich soll. Macht ihr meinen Empfehl. — Wie heißt Eure Herrschaft? —

Der Bediente. Wie sie heißt? Sie läßt sich Gnädiges Fräulein heißen.

v. Tellheim. Und ihr Familienname?

Der Bediente. Den habe ich noch nicht gehört, und darnach zu fragen, ist meine Sache nicht. Ich richte mich so ein, daß ich, meistentheils aller sechs Wochen, eine neue Herrschaft habe. Der Henker behalte alle ihre Namen! —

Just. Bravo, Kammerad! —

Der Bediente. Zu dieser bin ich erst vor wenig Tagen in Dresden gekommen. Sie sucht, glaube ich, hier ihren Bräutigam. —

v. Tellheim. Genug, mein Freund. Den Namen Eurer Herrschaft wollte ich wissen; aber nicht ihre Geheim-niße. Geht nur!

Der Bediente. Kammerad, das wäre kein Herr für mich!

* * *

Zehnter Auftritt.
v. Tellheim. Just.

v. Tellheim. Mache, Just, mache, daß wir aus diesem Hause kommen! Die Höflichkeit der fremden Dame ist mir empfindlicher, als die Grobheit des Wirths. Hier nimm diesen Ring; die einzige Kostbarkeit, die mir übrig ist; von der ich nie geglaubt hätte, einen solchen Gebrauch zu machen! — Versetze ihn: laß dir achtzig Friedrichsdor darauf geben; die Rechnung des Wirths kann keine dreyßig betragen. Bezahle ihn, und räume meine Sachen — Ja, wohin? — Wohin du willst. Der wohlfeilste Gasthof der

2*

beſte. Du ſollſt mich hier neben an, auf dem Kaffeehauſe, treffen. Ich gehe, mache deine Sache gut —

Juſt. Sorgen Sie nicht, Herr Major! —

v. Tellheim (kömmt wieder zurück). Vor allen Dingen, daß meine Piſtolen, die hinter dem Bette gehangen, nicht vergeſſen werden.

Juſt. Ich will nichts vergeſſen.

v. Tellheim. (kömmt nochmals zurück) Noch eins; nimm mir auch deinen Pudel mit; hörſt du, Juſt! —

Eilfter Auftritt.

Juſt.

Der Pudel wird nicht zurückbleiben. Dafür laß ich den Pudel ſorgen. — Hm! auch den koſtbaren Ring hat der Herr noch gehabt? Und trug ihn in der Taſche, anſtatt am Finger? — Guter Wirth, wir ſind ſo kahl noch nicht, als wir ſcheinen. Bey ihm, bey ihm ſelbſt will ich dich verſetzen, ſchönes Ringelchen! Ich weiß, er ärgert ſich, daß du in ſeinem Hauſe nicht ganz ſollſt verzehrt werden! — Ah —

Zwölfter Auftritt.

Paul Werner. Just.

Just. Sieh da, Werner! guten Tag, Werner! willkommen in der Stadt!

Werner. Das <u>verwünschte</u> Dorf! Ich kanns unmöglich wieder gewohne werden. Lustig, Kinder, lustig; ich bringe frisches Geld! Wo ist der Major?

Just. Er muß dir begegnet seyn; er ging eben die Treppe herab.

Werner. Ich komme die Hintertreppe herauf. Nun wie gehts ihm? Ich wäre schon vorige Woche bey euch gewesen, aber —

Just. Nun? was hat dich abgehalten? —

Werner. — Just, — hast du von dem Prinzen Heraklius gehört?

Just. Heraklius? Ich wüßte nicht.

Werner. Kennst du den großen Helden im Morgenlande nicht?

Just. Die Weisen aus dem Morgenlande kenn ich wohl, die ums Neujahr mit dem Sterne herumlauffen. — —

Werner. Mensch, ich glaube, du liesest eben so wenig die Zeitungen, als die Bibel? — Du kennst den Prinzen Heraklius nicht? den braven Mann nicht, der Persien weggenommen, und nächster Tage die ottomannische Pforte einsprengen wird? Gott sey Dank, daß doch noch irgendwo in der Welt Krieg ist! Ich habe lange genug gehofft, es sollte hier wieder losgehen. Aber da sitzen sie, und heilen sich die Haut. Nein, Soldat war ich, Soldat muß ich wieder seyn! Kurz — (indem er sich schüchtern umsieht, ob ihn jemand behorcht) im Vertrauen, Just, ich wandere nach Persien, um unter Sr. Königlichen Hoheit, dem Prinzen Heraklius ein Paar Feldzüge wider den Türken zu machen.

Just. Du?

Werner. Ich, wie du mich hier siehst! Unsere Vorfahren zogen fleißig wider den Türken; und das sollten wir noch thun, wenn wir ehrliche Kerls, und gute Christen wären. Freylich begreiffe ich wohl, daß ein Feldzug wider den Türken nicht halb so lustig seyn kann, als einer wider den Franzosen; aber dafür muß er auch desto verdienstlicher seyn, in diesem und in jenem Leben. Die Türken haben dir alle Säbels, mit Diamanten besetzt — —

Just. Um mir von so einem Säbel den Kopf spalten zu lassen, reise ich nicht eine Meile. Du wirst doch nicht toll seyn, und dein schönes Schulzengerichte verlassen? —

Werner. O, das nehme ich mit! — Merkst du was? — Das Gütchen ist verkauft — —

Just. Verkauft?

Werner. St! — hier sind hundert Dukaten, die ich gestern auf den Kauf bekommen; die bring ich dem Major —

Just. Und was soll der damit?

Werner. Was er damit soll? Verzehren soll er sie; verspielen, vertrinken, ver— wie er will. Der Mann muß Geld haben, und es ist schlecht genug, daß man ihm das Seinige so sauer macht! Aber ich wüßte schon, was ich thäte, wenn ich an seiner Stelle wäre! Ich dächte: hohl euch hier alle der Henker; und ginge mit Paul Wernern, nach Persien! — Blitz! — der Prinz Heraklius muß ja wohl von dem Major Tellheim gehört haben; wenn er auch schon seinen gewesenen Wachtmeister, Paul Wernern, nicht kennt. Unsere Affaire bey den Katzenhäusern — —

Just. Soll ich dir die erzählen? —

Werner. Du mir? — Ich merke wohl, daß eine schöne Disposition über deinen Verstand geht. Ich will meine Perlen nicht vor die Säue werffen. — Da nimm die hundert Dukaten; gib sie dem Major. Sage ihm: er soll mir auch die aufheben. Ich muß iezt auf den Markt; ich habe zwei Winspel Rocken herein geschickt; was ich daraus löse kann er gleichfalls haben —

Just. Werner, du meynst es herzlich gut; aber wir mögen dein Geld nicht. Behalte deine Dukaten, und deine hundert Pistolen kannst du auch unversört wieder bekommen, sobald als du willst —

Werner. So? hat denn der Major noch Geld?

Just. Nein.

Werner. Hat er sich wo welches geborgt?

Just. Nein.

Werner. Und wovon lebt ihr denn?

Just. Wir lassen anschreiben, und wenn man nicht mehr anschreiben will, und uns zum Hause herauswirft, so versetzen wir, was wir noch haben, und ziehen weiter. — Höre nur, Paul; dem Wirthe hier müssen wir einen Possen spielen.

Werner. Hat er dem Major was in den Weg gelegt? — Ich bin dabey! —

Just. Wie wärs, wenn wir ihm des Abends, wenn er aus der Tabagie kömmt, aufpaßten, und ihn brav durchprügelten? —

Werner. Des Abends? — aufpaßten? — ihre Zwey, einem? — Das ist nichts. —

Just. Oder, wenn wir ihm das Haus über dem Kopf ansteckten? —

Werner. Sengen und brennen — Kerl, man hörts, daß du Packknecht gewesen bist, und nicht Soldat; — pfuy!

Just. Oder, wenn wir ihm seine Tochter zur Hure machten? Sie ist zwar verdammt häßlich — —

Werner. O, da wird sies lange schon seyn! Und allenfalls brauchst du auch hierzu keinen Gehülfen. Aber was hast du denn? Was giebt's denn?

Just. Komm nur, du sollst dein Wunder hören!

Werner. So ist der Teufel wohl hier gar los?

Just. Ja wohl; komm nur!

Werner. Desto besser! Nach Persien also, nach Persien!

Ende des ersten Aufzugs.

Zweyter Aufzug.

Erster Auftritt.

Die Scene ist in dem Zimmer des Fräuleins.

Minna. Francisca.

Das Fräulein (im Negligee, nach ihrer Uhr sehend). Francisca, wir sind auch sehr früh aufgestanden. Die Zeit wird uns lang werden.

Francisca. Wer kann denn in den verzweifelten großen Städten schlafen? Die Karrossen, die Nachtwächter, die Trommeln, die Katzen, die Korporals — das hört nicht auf zu rasseln, zu schreyen, zu wirbeln, zu mauen, zu fluchen; gerade, als ob die Nacht zu nichts weniger wäre, als zur Ruhe. — Eine Tasse Thee, gnädiges Fräulein? —

Das Fräulein. Der Thee schmeckt mir nicht. —

Francisca. Ich will von unserer Chokolade machen lassen.

Das Fräulein. Laß machen, für dich!

Francisca. Für mich? Ich wollte eben so gern für mich allein plaudern, als für mich allein trinken. — Frey-

lich wird uns die Zeit so lang werden — Wir werden, vor langer Weile, uns putzen müßen, und das Kleid
versuchen, in welchem wir den ersten Sturm geben wollen.

Das Fräulein. Was redest du von Stürmen, da ich
bloß herkomme, die Haltung der Kapitulation zu fordern?

Francisca. Und der Herr Officier, den wir vertrieben, und dem wir das Kompliment darüber machen
laßen; er muß auch nicht die feinste Lebensart haben; sonst
hätte er wohl um die Ehre können bitten laßen, uns seine
Aufwartung machen zu dürfen. —

Das Fräulein. Es sind nicht alle Officiere Tellheims.
Die Wahrheit zu sagen, ich ließ ihm das Kompliment auch
blos machen, um Gelegenheit zu haben, mich nach diesem
bey ihm zu erkundigen. — Francisca, mein Herz sagt es
mir, daß meine Reise glücklich seyn wird, daß ich ihn
finden werde. —

Francisca. Das Herz, gnädiges Fräulein? Man traue
doch ja seinem Herzen nicht zu viel. Das Herz redet uns
gewaltig gern nach dem Maule. Wenn das Maul eben so
geneigt wäre, nach dem Herzen zu reden, so wäre die Mode
längst aufgekommen, die Mäuler unterm Schloße zu tragen.

Das Fräulein. Ha! ha! mit deinen Mäulern unterm
Schloße! Die Mode wäre mir eben recht!

Francisca. Lieber die schönsten Zähne nicht gezeigt,
als alle Augenblicke das Herz darüber springen laßen!

Das Fräulein. Was? bist du so zurückhaltend? —

Francisca. Nein, gnädiges Fräulein; sondern ich
wollte es gern mehr seyn. Man spricht selten von der

Tugend, die man hat; aber desto öfter von der, die uns fehlt.

Das Fräulein. Siehst du, Francisca, da hast du eine sehr gute Anmerkung gemacht. —

Francisca. Gemacht? macht man das, was einem so einfällt? —

Das Fräulein. Und weißt du, warum ich eigentlich diese Anmerkung so gut finde? Sie hat viel Beziehung auf meinen Tellheim.

Francisca. Was hätte bey Ihnen nicht auch Beziehung auf ihn?

Das Fräulein. Freund und Feind sagen, daß er der tapferste Mann von der Welt ist. Aber wer hat ihn von Tapferkeit jemals reden hören? Er hat das rechtschaffenste Herz, aber Rechtschaffenheit und Edelmuth sind Worte, die er nie auf die Zunge bringt.

Francisca. Von was für Tugenden spricht er denn?

Das Fräulein. Er spricht von keiner; denn ihm fehlt keine.

Francisca. Das wollte ich nur hören.

Das Fräulein. Warte, Francisca; ich besinne mich. Er spricht sehr oft von Oekonomie. Im Vertrauen, Francisca; ich glaube, der Mann ist ein Verschwender.

Francisca. Noch eins, gnädiges Fräulein. Ich habe ihn auch sehr oft der Treue und Beständigkeit gegen Sie erwähnen hören. Wie, wenn der Herr auch ein Flattergeist wäre?

Das Fräulein. Du Unglückliche! — Aber meinest du das im Ernste, Francisca?

Francisca. Wie lange hat er Ihnen nun schon nicht geschrieben?

Das Fräulein. Ach! seit dem Frieden hat er mir nur ein einzigesmal geschrieben.

Francisca. Auch ein Seufzer wider den Frieden. Wunderbar! der Friede sollte nur das Böse wieder gut machen, das der Krieg gestiftet, und er zerrüttet auch das Gute, was dieser sein Gegenpart etwa noch veranlasset hat. Der Friede sollte so eigensinnig nicht seyn! — Und wie lange haben wir schon Friede? Die Zeit wird einem gewaltig lang, wenn es so wenig Neuigkeiten giebt. — Umsonst gehen die Posten wieder richtig; niemand schreibt; denn niemand hat was zu schreiben.

Das Fräulein. Es ist Friede, schrieb er mir, und ich nähere mich der Erfüllung meiner Wünsche. — Aber, daß er mir dieses nur einmal, nur ein einzigesmal geschrieben —

Francisca. Daß er uns zwingt, dieser Erfüllung der Wünsche selbst entgegen zu eilen: finden wir ihn nur; das soll er uns entgelten! — Wenn indeß der Mann doch Wünsche erfüllt hätte, und wir erführen hier —

Das Fräulein. (ängstlich und hitzig) Daß er todt wäre?

Francisca. Für Sie, gnädiges Fräulein; in den Armen einer anderen —

Das Fräulein. Du Quälgeist! Warte, Francisca, er soll dir es gedenken! — Doch schwatze nur; sonst schlafen wir wieder ein. — Sein Regiment ward nach dem Frieden zerrissen. Wer weiß, in welche Verwirrung von Rechnungen und Nachweisungen er dadurch gerathen? Wer weiß zu welchem andern Regimente, in welche entlegne Provinz er versetzt worden? Wer weiß, welche Umstände — Es pocht jemand.

Francisca. Herein!

Zweyter Auftritt.

Der Wirth. Die Vorigen.

Der Wirth. (den Kopf voranstedend) Ist es erlaubt, meine gnädige Herrschaft? —

Francisca. Unser Herr Wirth? — Nur vollends herein.

Der Wirth. (mit einer Feder hinter dem Ohre, ein Blatt Papier und ein Schreibzeug in der Hand.) Ich komme, gnädiges Fräulein, Ihnen einen unterthänigen guten Morgen zu wünschen — (zur Francisca) und auch Ihr, mein schönes Kind, —

Francisca. Ein höflicher Mann!

Das Fräulein. Wir bedanken uns.

Francisca. Und wünschen Ihm auch einen guten Morgen.

Der Wirth. Darf ich mich unterstehen zu fragen, wie Ihro Gnaden die erste Nacht unter meinem schlechten Dache geruhet? —

Francisca. Das Dach ist so schlecht nicht, Herr Wirth; aber die Betten hätten können besser seyn.

Der Wirth. Was höre ich? Nicht wohl geruht? Vielleicht, daß die gar zu große Ermüdung von der Reise —

Das Fräulein. Es kann seyn.

Der Wirth. Gewiß, gewiß! denn sonst — — Indeß sollte etwas nicht vollkommen nach Ihro Gnaden Bequemlichkeit gewesen seyn, so geruhen Ihro Gnaden, nur zu befehlen.

Francisca. Gut, Herr Wirth, gut! Wir sind auch nicht blöde; und am wenigsten muß man im Gasthofe blöde seyn. Wir wollen schon sagen, wie wir es gern hätten.

Der Wirth. Hiernächst komme ich zugleich — (indem er die Feder hinter dem Ohre hervorzieht)

Francisca. Nun? —

Der Wirth. Ohne Zweifel kennen Ihro Gnaden schon die weisen Verordnungen unsrer Policey —

Das Fräulein. Nicht im geringsten, Herr Wirth —

Der Wirth. Wir Wirthe sind angewiesen, keinen Fremden, weß Standes und Geschlechts er auch sey, vierundzwanzig Stunden zu behausen, ohne seinen Namen, Heymath, Charakter, hiesige Geschäfte, vermuthliche Dauer des Aufenthalts, und so weiter, gehörigen Orts schriftlich einzureichen.

Das Fräulein. Sehr wohl.

Der Wirth. Ihro Gnaden werden also sich gefallen lassen — — — (indem er an einen Tisch tritt, und sich fertig macht zu schreiben)

Das Fräulein. Sehr gern. — Ich heiße —

2. Aufzug 2. Auftritt.

Der Wirth. Einen kleinen Augenblick Geduld! — (er schreibt) „Dato, den 22. August a. c. allhier zum Könige von Spanien angelangt" — Nun Dero Namen, gnädiges Fräulein.

Das Fräulein. Das Fräulein von Barnhelm.

Der Wirth. (schreibt) „von Barnhelm" — Kommend? woher, gnädiges Fräulein?

Das Fräulein. Von meinen Gütern aus Sachsen.

Der Wirth. (schreibt) „Gütern aus Sachsen." — Aus Sachsen! Ey, ey, aus Sachsen, gnädiges Fräulein? aus Sachsen?

Francisca. Nun? warum nicht? Es ist doch wohl hier zu Lande keine Sünde, aus Sachsen zu seyn?

Der Wirth. Eine Sünde? Behüte! das wäre ja eine ganz neue Sünde! — Aus Sachsen also? Ey, ey! aus Sachsen! Das liebe Sachsen! — Aber wo mir recht ist, gnädiges Fräulein, Sachsen ist nicht klein, und hat mehrere, — wie soll ich es nennen? — Districte, Provinzen. — Unsere Policey ist sehr exact, gnädiges Fräulein —

Das Fräulein. Ich verstehe: von meinen Gütern aus Thüringen, also.

Der Wirth. Aus Thüringen! Ja, das ist besser, gnädiges Fräulein, das ist genauer. — (schreibt und lieset) „Das Fräulein von Barnhelm, kommend von ihren Gütern „aus Thüringen, nebst einer Kammerfrau und zwey Be-„dienten" —

Francisca. Einer Kammerfrau? das soll ich wohl seyn?

Der Wirth. Ja, mein schönes Kind —

Francisca. Nun, Herr Wirth, so setzen Sie anstatt Kammerfrau, Kammerjungfer. — Ich höre, die Policey ist sehr exact; es möchte ein Mißverständniß geben, welches mir bey meinem Aufgebothe einmal Händel machen könnte. Denn ich bin wirklich noch Jungfer, und heiße Francisca; mit dem Geschlechtsnamen, Willig; Francisca Willig. Ich bin auch aus Thüringen. Mein Vater war Müller auf einem von den Gütern des gnädigen Fräuleins. Es heißt Klein=Rammsdorf. Die Mühle hat ietzt mein Bruder. Ich kam sehr jung auf den Hof, und ward mit dem gnädigen Fräulein erzogen. Wir sind von einem Alter; künftige Lichtmeß ein und zwanzig Jahr. Ich habe alles gelernt, was das gnädige Fräulein gelernt hat. Es soll mir lieb seyn, wenn mich die Policey recht kennt.

Der Wirth. Gut, mein schönes Kind; das will ich mir auf weitere Nachfrage merken. — Aber nunmehr, gnädiges Fräulein, Dero Verrichtungen allhier? —

Das Fräulein. Meine Verrichtungen?

Der Wirth. Suchen Ihro Gnaden etwas bey des Königs Majestät?

Das Fräulein. O, nein!

Der Wirth. Oder bey unsern hohen Justizcollegiis?

Das Fräulein. Auch nicht.

Der Wirth. Oder —

Das Fräulein. Nein, nein. Ich bin lediglich in meinen eigenen Angelegenheiten hier.

Der Wirth. Ganz wohl, gnädiges Fräulein; aber wie nennen sich diese eigenen Angelegenheiten?

Das Fräulein. Sie nennen sich — Francisca, ich glaube, wir werden vernommen.

Francisca. Herr Wirth, die Polizey wird doch nicht die Geheimniße eines Frauenzimmers zu wißen verlangen?

Der Wirth. Allerdings, mein schönes Kind; die Polizey will alles, alles wißen; und besonders Geheimniße.

Francisca. Ja nun, gnädiges Fräulein, was ist zu thun? — So hören Sie nur, Herr Wirth; — aber daß es ja unter uns und der Polizey bleibt! —

Das Fräulein. Was wird ihm die Närrin sagen?

Francisca. Wir kommen, dem Könige einen Officier wegzukapern —

Der Wirth. Wie? was? Mein Kind! mein Kind! —

Francisca. Oder uns von dem Officier kapern zu laßen. Beydes ist eins.

Das Fräulein. Francisca, bist du toll? — Herr Wirth, die Naseweise hat Sie zum besten. —

Der Wirth. Ich will nicht hoffen! Zwar mit meiner Wenigkeit kan sie scherzen so viel, wie sie will, nur mit einer hohen Polizey —

Das Fräulein. Wißen Sie was, Herr Wirth? — Ich weiß mich in dieser Sache nicht zu nehmen. Ich dächte, Sie ließen die ganze Schreiberey bis auf die Ankunft meines Oheims. Ich habe Ihnen schon gestern gesagt, warum er nicht mit mir zugleich angekommen. Er verunglückte, zwey Meilen von hier, mit seinem Wagen, und wollte durchaus nicht, daß mich dieser Zufall eine Nacht mehr kosten sollte. Ich mußte also voran. Wenn er vierundzwanzig Stunden nach mir eintrifft, so ist es das längste.

Der Wirth. Nun ja, gnädiges Fräulein, so wollen wir ihn erwarten. ·

Das Fräulein. Er wird auf Ihre Fragen beßer antworten können. Er wird wißen, wem und wie weit er sich zu entdecken hat; was er von seinen Geschäften anzeigen muß, und was er davon verschweigen darf.

Der Wirth. Desto beßer! — Freylich, freylich kann man von einem jungen Mädchen (die Francisca mit einer bedeutenden Miene ansehend) nicht verlangen, daß es eine ernsthafte Sache, mit ernsthaften Leuten, ernsthaft tractire — —

Das Fräulein. Und die Zimmer für ihn sind doch in Bereitschaft, Herr Wirth?

Der Wirth. Völlig, gnädiges Fräulein, völlig, bis auf das eine —

Francisca. Aus dem Sie vielleicht auch noch erst einen ehrlichen Mann vertreiben müßen?

Der Wirth. Die Kammerjungfern aus Sachsen, gnädiges Fräulein, sind wohl sehr mitleidig —

Das Fräulein. Doch, Herr Wirth; das haben Sie nicht gut gemacht. Lieber hätten sie uns nicht einnehmen sollen.

Der Wirth. Wie so, gnädiges Fräulein, wie so?

Das Fräulein. Ich höre, daß der Officier, welcher durch uns verdrängt worden —

Der Wirth. Ja nur ein abgedankter Officier ist, gnädiges Fräulein —

Das Fräulein. Wenn schon —

Der Wirth. Mit dem es zu Ende geht. —

Das Fräulein. Desto schlimmer! Es soll ein sehr verdienter Mann seyn.

Der Wirth. Ich sage Ihnen ja, daß er abgedankt ist.

Das Fräulein. Der König kann nicht alle verdiente Männer kennen.

Der Wirth. O gewiß, er kennt sie, er kennt sie alle —

Das Fräulein. So kann er sie nicht alle belohnen.

Der Wirth. Sie wären alle belohnt, wenn sie darnach gelebt hätten. Aber so lebten die Herrn, während des Krieges, als ob ewig Krieg bleiben würde; als ob das Dein und Mein ewig aufgehoben seyn würde. Jetzt liegen alle Wirthshäuser und Gasthöfe von ihnen voll, und ein Wirth hat sich wohl mit ihnen in Acht zu nehmen. Ich bin mit diesem noch so ziemlich weggekommen. Hatte er gleich kein Geld mehr, so hatte er doch noch Geldeswerth, und zwey, drey Monate hätte ich ihn freylich noch ruhig können sitzen lassen. Doch beßer ist beßer. — Apropos, gnädiges Fräulein; Sie verstehen sich doch auf Juwelen? —

Das Fräulein. Nicht sonderlich.

Der Wirth. Was sollten Ihro Gnaden nicht? — Ich muß Ihnen einen Ring zeigen, einen kostbaren Ring. Zwar gnädiges Fräulein haben da auch einen sehr schönen am Finger, und je mehr ich ihn betrachte, je mehr muß ich mich wundern, daß er dem meinigen so ähnlich ist. — O! sehen Sie doch, sehen Sie doch! (Indem er ihn aus dem Futteral

3*

herausnimmt, und dem Fräulein hinreicht.) Welch ein Feuer! der mittelste Brillant allein wiegt über fünf Karat.

Das Fräulein (ihn betrachtend). Wo bin ich? — Was seh' ich? Dieser Ring —

Der Wirth. Ist seine funfzehnhundert Thaler unter Brüdern werth.

Das Fräulein. Francisca! — Sieh doch! —

Der Wirth. Ich habe mich auch nicht einen Augenblick bedacht, achtzig Pistolen darauf zu leihen.

Das Fräulein. Erkennst du ihn nicht, Francisca?

Francisca. Der nehmliche! — Herr Wirth, wo haben Sie diesen Ring her? —

Der Wirth. Nun, mein Kind? Sie hat doch wohl kein Recht daran?

Francisca. Wir kein Recht an diesem Ringe? — Inwärts auf dem Kasten muß der Fräulein verzogener Name stehen. — Weisen Sie doch, Fräulein.

Das Fräulein. Er ists, er ists! — Wie kommen Sie zu diesem Ringe, Herr Wirth?

Der Wirth. Ich? auf die ehrlichste Weise von der Welt. — Gnädiges Fräulein, gnädiges Fräulein, Sie werden mich nicht in Schaden und Unglück bringen wollen? Was weiß ich, wo sich der Ring eigentlich herschreibt. Während des Krieges hat manches seinen Herrn, sehr oft, mit und ohne Vorbewußt des Herrn, verändert. Und Krieg war Krieg. Es werden mehr Ringe aus Sachsen über die Grenze gegangen seyn. — Geben Sie mir ihn wieder, gnädiges Fräulein, geben Sie mir ihn wieder!

Francisca. Erst geantwortet: von wem haben Sie ihn?

Der Wirth. Von einem Manne, dem ich so was nicht zutrauen kann; von einem sonst guten Manne —

Das Fräulein. Von dem besten Manne unter der Sonne, wenn Sie ihn von seinem Eigenthümer haben. — Geschwind bringen Sie mir den Mann! Er ist es selbst, oder wenigstens muß er ihn kennen.

Der Wirth. Wer denn? Wen denn, gnädiges Fräulein?

Francisca. Hören Sie denn nicht? unsern Major.

Der Wirth. Major? Recht, er ist Major, der dieses Zimmer vor Ihnen bewohnt hat, und von dem ich ihn habe.

Das Fräulein. Major von Tellheim.

Der Wirth. Von Tellheim; ja! Kennen Sie ihn?

Das Fräulein. Ob ich ihn kenne? Er ist hier? Tellheim ist hier? Er? er hat in diesem Zimmer gewohnt? Er! er hat Ihnen diesen Ring versetzt? Wie kömmt der Mann in diese Verlegenheit? Wo ist er? Er ist Ihnen schuldig? — — Francisca, die Chatulle her! Schließ auf! (Indem sie Francisca auf den Tisch setzt und öffnet.) Was ist er Ihnen schuldig? Wem ist er mehr schuldig? Bringen Sie mir alle seine Schuldner. Hier ist Geld. Hier sind Wechsel. Alles ist sein!

Der Wirth. Was hör' ich?

Das Fräulein. Wo ist er? wo ist er?

Der Wirth. Noch vor einer Stunde war er hier.

Das Fräulein. Häßlicher Mann, wie konnten Sie gegen ihn so unfreundlich, so hart, so grausam seyn?

Der Wirth. Ihro Gnaden verzeihen —

Das Fräulein. Geschwind, schaffen Sie mir ihn zur Stelle.

Der Wirth. Sein Bedienter ist vielleicht noch hier. Wollen Ihro Gnaden, daß er ihn aufsuchen soll?

Das Fräulein. Ob ich will? Eilen Sie, laufen Sie; für diesen Dienst allein, will ich es vergeßen, wie schlecht Sie mit ihm umgegangen sind —

Francisca. Fix, Herr Wirth, hurtig, fort, fort! (Stößt ihn hinaus.)

Dritter Auftritt.

Das Fräulein. Francisca.

Das Fräulein. Nun habe ich ihn wieder, Francisca! Siehst du, nun habe ich ihn wieder! Ich weiß nicht, wo ich vor Freuden bin! Freue dich doch mit, liebe Francisca. Aber freylich, warum du? Doch du sollst dich, du mußt dich mit mir freuen. Komm, Liebe, ich will dich beschenken, damit du dich mit mir freuen kannst. Sprich, Francisca, was soll ich dir geben? Was steht dir von meinen Sachen an? Was hättest du gern? Nimm, was du willst; aber freue dich nur. Ich sehe wohl, du wirst dir nichts nehmen. Warte! (Sie faßt in die Chatulle) Da, liebe Francisca (und gibt ihr Geld) kaufe dir, was du gern hättest. Fordere mehr, wenn es nicht zulangt. Aber freue dich nur mit mir. Es ist so traurig, sich allein zu freuen. Nun, so nimm doch —

Francisca. Ich stehle es Ihnen, Fräulein; Sie sind trunken, von Fröhlichkeit trunken —

Das Fräulein. Mädchen, ich habe einen zänkischen Rausch, nimm, oder — (Sie zwingt ihr das Geld in die Hand) Und wenn du dich bedankst! — Warte; gut daß ich daran denke. (Sie greift nochmals in die Chatulle nach Geld.) Das, liebe Francisca, stecke bey Seite, für den ersten blessirten armen Soldaten, der uns anspricht —

Vierter Auftritt.

Der Wirth. Das Fräulein. Francisca.

Das Fräulein. Nun? wird er kommen?

Der Wirth. Der widerwärtige, ungeschliffene Kerl!

Das Fräulein. Wer?

Der Wirth. Sein Bedienter! Er weigert sich, nach ihm zu gehen.

Francisca. Bringen Sie doch den Schurken her. — Des Majors Bediente kenne ich ja wohl alle. Welcher wäre denn das?

Das Fräulein. Bringen Sie ihn geschwind her. Wenn er uns sieht, wird er schon gehen. (Der Wirth geht ab.)

Fünfter Auftritt.

Das Fräulein. Francisca.

Das Fräulein. Ich kann den Augenblick nicht erwarten. — Aber, Francisca, du bist noch immer so kalt?
Du willst dich noch nicht mit mir freuen?

Francisca. Ich wollte von Herzen gern; wenn nur —

Das Fräulein. Wenn nur?

Francisca. Wir haben den Mann wiedergefunden;
aber wie haben wir ihn wiedergefunden? Nach allem, was
wir von ihm hören, muß es ihm übel gehen. Er muß
unglücklich seyn. Das jammert mich.

Das Fräulein. Jammert dich? — Laß dich dafür
umarmen, meine liebste Gespielin! Das will ich dir nie
vergessen! — Ich bin nur verliebt, und du bist gut.

Sechster Auftritt.

Der Wirth. Just. Die Vorigen.

Der Wirth. Mit genauer Noth bring ich ihn.

Francisca. Ein fremdes Gesicht! Ich kenne ihn nicht.

Das Fräulein. Mein Freund, ist Er bey dem Major
von Tellheim?

Just. Ja.

Das Fräulein. Wo ist sein Herr?

Just. Nicht hier.

Das Fräulein. Aber Er weiß ihn zu finden?

Just. Ja.

Das Fräulein. Will er ihn nicht geschwind herhohlen?

Just. Nein.

Das Fräulein. Er erweiset mir damit einen Gefallen —

Just. Ey!

Das Fräulein. Und seinem Herrn einen Dienst —

Just. Vielleicht auch nicht. —

Das Fräulein. Woher vermuthet Er das?

Just. Sie sind doch die fremde Herrschaft, die ihn schon diesen Morgen complimentiren lassen?

Das Fräulein. Ja.

Just. So bin ich schon recht.

Das Fräulein. Weiß sein Herr meinen Namen?

Just. Nein; aber er kann die allzu höflichen Damen eben so wenig leiden, als die allzu groben Wirthe.

Der Wirth. Das soll wohl mit auf mich gehen?

Just. Ja.

Der Wirth. So laß er es doch der gnädigen Fräulein nicht entgelten; und hole er ihn geschwind her.

Das Fräulein (leise zu Francisca). Francisca, gieb ihm etwas —

Francisca (die dem Just Geld in die Hand drücken will). Wir verlangen Seine Dienste nicht umsonst —

Just. Und ich Ihr Geld nicht ohne Dienste.

Francisca. Eines für das andere —

Just. Ich kann nicht. Mein Herr hat mir befohlen,

auszuräumen. Das thu ich jetzt, und daran bitte ich mich nicht weiter zu verhindern. Wenn ich fertig bin, so will ich es ihm ja wohl sagen, daß er herkommen kann. Er ist nebenan auf dem Kaffeehause; und wenn er da nichts besseres zu thun findet, wird er auch wohl kommen. (Will fortgehen.)

Francisca. So warte Er doch. — Das gnädige Fräulein ist des Herrn Majors — Schwester —

Das Fräulein. Ja, ja, seine Schwester —

Just. Das weiß ich besser, daß der Major keine Schwestern hat. Er hat mich in sechs Monaten zweymal an seine Familie nach Curland geschickt. — Zwar es giebt mancherley Schwestern —

Francisca. Unverschämter!

Just. Muß man es nicht seyn, wenn einen die Leute sollen gehen lassen? (Geht ab.)

Francisca. Das ist ein Schlingel!

Der Wirth. Ich sagt' es ja. Aber lassen Sie ihn nur! Weiß ich doch nunmehr, wo sein Herr ist. Ich will ihn gleich selbst hohlen. — Nur, gnädiges Fräulein, bitte ich unterthänigst, sodann ja mich bey dem Herrn Major zu entschuldigen, daß ich so unglücklich gewesen, wider meinen Willen, einen Mann von seinen Verdiensten —

Das Fräulein. Gehen Sie nur geschwind, Herr Wirth. Das will ich alles wieder gut machen. (Der Wirth geht ab, und hierauf) Francisca, lauf ihm nach: er soll ihm meinen Namen nicht nennen! (Francisca dem Wirthe nach.)

2. Aufzug 7. Auftritt.

4

Siebenter Auftritt.

Das Fräulein und hernach Francisca.

Das Fräulein. Ich habe ihn wieder! — Bin ich allein? — Ich will nicht umsonst allein seyn. (Sie faltet die Hände) Auch bin ich nicht allein! (und blickt aufwärts.) Ein einziger dankbarer Gedanke gen Himmel, ist das voll= kommenste Gebet! — Ich hab' ihn, ich hab' ihn! (Mit ausgebreiteten Armen.) Ich bin glücklich und fröhlich! Was kann der Schöpfer lieber sehen, als ein fröhliches Geschöpf! — (Francisca kömmt.) Bist du wieder da, Francisca? — Er jammert dich? Mich jammert er nicht. Unglück ist auch gut. Vielleicht, daß ihm der Himmel alles nahm, um ihm in mir alles wieder zu geben!

Francisca. Er kann den Augenblick hier seyn. — Sie sind noch in Ihrem Negligee, gnädiges Fräulein. Wie, wenn Sie sich geschwind ankleideten?

Das Fräulein. Geh! ich bitte dich. Er wird mich von nun an öfter so, als geputzt sehen.

Francisca. O, Sie kennen sich, mein Fräulein.

Das Fräulein (nach einem kurzen Nachdenken). Wahrhaftig, Mädchen, du hast es wiederum getroffen.

Francisca. Wenn wir schön sind, sind wir ungeputzt am schönsten.

Das Fräulein. Müssen wir denn schön seyn? — Aber, daß wir uns schön glauben, war vielleicht nothwen= dig. — Nein, wenn ich ihm, ihm nur schön bin! — Fran= cisca, wenn alle Mädchen so sind, wie ich mich ietzt fühle.

so sind wir — sonderbare Dinger. — Zärtlich und stolz, tugendhaft und eitel, wollüstig und fromm. Du wirst mich nicht verstehen. Ich verstehe mich wohl selbst nicht. — Die Freude macht drehend, wirblicht —

Francisca. Faßen Sie sich, mein Fräulein; ich höre kommen —

Das Fräulein. Mich faßen? Ich sollte ihn ruhig empfangen?

Achter Auftritt.

v. Tellheim. Der Wirth. Die Vorigen.

v. Tellheim (tritt herein, und indem er sie erblickt, fliegt er auf sie zu). Ah! meine Minna!

Das Fräulein (ihm entgegen fliehend). Ah, mein Tellheim! —

v. Tellheim (stutzt auf einmal, und tritt wieder zurück). Verzeihen Sie, gnädiges Fräulein — das Fräulein von Barnhelm hier zu finden —

Das Fräulein. Kann Ihnen doch so gar unerwartet nicht seyn? — (Indem sie ihm näher tritt, und er mehr zurückweicht.) Ich soll Ihnen verzeihen, daß ich noch Ihre Minna bin? Verzeih' Ihnen der Himmel, daß ich noch das Fräulein von Barnhelm bin! —

v. Tellheim. Gnädiges Fräulein — (Sieht starr auf den Wirth, und zuckt die Schultern.)

Das Fräulein (wird den Wirth gewahr, und winkt der Francisca). **Mein Herr —**

v. Tellheim. Wenn wir uns beiderseits nicht irren —

Francisca. Je, Herr Wirth, wen bringen Sie uns denn da? Geschwind kommen Sie, lassen Sie uns den rechten suchen.

Der Wirth. Ist es nicht der rechte? Ey ja doch!

Francisca. Ey nicht doch! — Geschwind kommen Sie; ich habe Ihrer Jungfer Tochter noch keinen guten Morgen gesagt.

Der Wirth. O! viel Ehre — (doch ohne von der Stelle zu gehen).

Francisca (faßt ihn an). Kommen Sie, wir wollen den Küchenzettel machen. — Lassen Sie sehen, was wir haben werden —

Der Wirth. Sie sollen haben, fürs erste —

Francisca. Still, ja stille! Wenn das Fräulein ießt schon weiß, was sie zu Mittag speisen soll, so ist es um ihren Appetit geschehen. Kommen Sie, das müssen Sie mir allein sagen. (Führt ihn mit Gewalt ab.)

Neunter Auftritt.

v. Tellheim. Das Fräulein.

Das Fräulein. Nun? irren wir uns noch?

v. Tellheim. Daß es der Himmel wollte! — Aber es giebt nur Eine, und Sie sind es.

Das Fräulein. Welche Umstände! Was wir uns zu sagen haben, kann Jedermann hören.

v. Tellheim. Sie hier? Was suchen Sie hier, gnädiges Fräulein?

Das Fräulein. Nichts suche ich mehr. (Mit offenen Armen auf ihn zugehend.) Alles was ich suchte, habe ich gefunden.

v. Tellheim (zurückweichend). Sie suchten einen glücklichen, einen Ihrer Liebe würdigen Mann, und finden — einen Elenden.

Das Fräulein. So lieben Sie mich nicht mehr? — Und lieben eine andere?

v. Tellheim. Ah! der hat Sie nie geliebt, mein Fräulein, der eine andere nach Ihnen lieben kann.

Das Fräulein. Sie reißen nur Einen Stachel aus meiner Seele. — Wenn ich Ihr Herz verloren habe, was liegt daran, ob mich Gleichgültigkeit oder mächtigere Reize darum gebracht? — Sie lieben mich nicht mehr: und lieben auch keine andere? — Unglücklicher Mann, wenn Sie gar nichts lieben! —

v. Tellheim. Recht, gnädiges Fräulein; der Unglückliche muß gar nichts lieben. Er verdient sein Unglück, wenn er diesen Sieg nicht über sich selbst zu erhalten weiß; wenn er es sich gefallen laßen kann, daß die, welche er liebt, an seinem Unglück Antheil nehmen dürfen. — Wie schwer ist dieser Sieg! — Seit dem mir Vernunft und Nothwendigkeit befehlen, Minna von Barnhelm zu vergessen: was für Mühe habe ich angewandt! Eben wollte ich anfangen

2. Aufzug 9. Auftritt.

zu hoffen, daß diese Mühe nicht ewig vergebens seyn würde:
— und Sie erscheinen, mein Fräulein! —

Das Fräulein. Versteh' ich Sie recht? — Halten
Sie, mein Herr; lassen Sie sehen, wo wir sind, ehe wir
uns weiter verirren! — Wollen Sie mir die einzige Frage
beantworten?

v. Tellheim. Jede, mein Fräulein —

Das Fräulein. Wollen Sie mir auch ohne Wendung,
ohne Winkelzug antworten? Mit nichts, als einem trockenen
Ja, oder Nein?

v. Tellheim. Ich will es, — wenn ich kann.

Das Fräulein. Sie können es. — Gut: ohngeachtet
der Mühe, die Sie angewendet mich zu vergeßen — lieben
Sie mich noch, Tellheim?

v. Tellheim. Mein Fräulein, diese Frage —

Das Fräulein. Sie haben versprochen, mit nichts
als Ja, oder Nein zu antworten —

v. Tellheim. Und hinzugesetzt: wenn ich kann.

Das Fräulein. Sie können; Sie müssen wissen, was
in Ihrem Herzen vorgeht. — Lieben Sie mich noch, Tellheim? — Ja, oder Nein.

v. Tellheim. Wenn mein Herz —

Das Fräulein. Ja, oder Nein!

v. Tellheim. Nun, Ja!

Das Fräulein. Ja?

v. Tellheim. Ja, ja! — Allein —

Das Fräulein. Geduld! — Sie lieben mich noch:
genug für mich. — In was für einen Ton bin ich mit

Ihnen gefallen! Ein widriger, melancholischer, ansteckender Ton. — Ich nehme den meinigen wieder an. — Nun, mein lieber Unglücklicher, Sie lieben mich noch, und haben Ihre Minna noch, und sind unglücklich? Hören Sie doch, was Ihre Minna für ein eingebildetes, albernes Ding war, — ist. Sie ließ, sie läßt sich träumen, Ihr ganzes Glück sey sie. — Geschwind kramen Sie Ihr Unglück aus. Sie mag versuchen, wie viel sie deßen aufwiegt. — Nun?

v. Tellheim. Mein Fräulein, ich bin nicht gewohnt zu klagen.

Das Fräulein. Sehr wohl. Ich wüßte auch nicht, was mir an einem Soldaten, nach dem Prahlen, weniger gefiele, als das Klagen. Aber es giebt eine gewisse kalte, nachläßige Art, von seiner Tapferkeit und von seinem Unglück zu sprechen —

v. Tellheim. Die im Grunde doch auch geprahlt und geklagt ist.

Das Fräulein. O, mein Rechthaber, so hätten Sie sich auch gar nicht unglücklich nennen sollen. — Ganz geschwiegen, oder ganz mit der Sprache heraus. — Eine Vernunft, eine Nothwendigkeit, die Ihnen mich zu vergeßen befiehlt? — Ich bin eine große Liebhaberin von Vernunft, ich habe sehr viel Ehrerbietung für die Nothwendigkeit. — Aber laßen Sie doch hören, wie vernünftig diese Vernunft, wie nothwendig diese Nothwendigkeit ist.

v. Tellheim. Wohl denn; so hören Sie, mein Fräulein — Sie nennen mich Tellheim; der Name trifft ein. — Aber Sie meinen, ich sey der Tellheim, den Sie in Ihrem

Vaterlande gekannt haben; der blühende Mann, voller Ansprüche, voller Ruhmbegierde; der seines ganzen Körpers,
seiner ganzen Seele mächtig war; vor dem die Schranken
der Ehre und des Glücks eröffnet standen; der Ihres Herzens und Ihrer Hand, wenn er schon ihrer noch nicht
würdig war, täglich würdiger zu werden hoffen durfte. —
Dieser Tellheim bin ich eben so wenig — als ich mein
Vater bin. Beide sind gewesen. — Ich bin Tellheim, der
verabschiedete, der an seiner Ehre gekränkte, der Krüppel,
der Bettler. — Jenem, mein Fräulein, versprachen Sie
sich: wollen Sie diesem Wort halten? —

Das Fräulein. Das klingt sehr tragisch! — Doch,
mein Herr, bis ich jenen wieder finde — in die Tellheims
bin ich nun einmal vernarrt — — dieser wird mir schon
aus der Noth helfen müssen. — Deine Hand, lieber Bettler! (Indem sie ihn bey der Hand ergreift.)

v. Tellheim (der die andere Hand mit dem Hute vor das Gesicht
schlägt und sich von ihr abwendet). Das ist zu viel! — Wo bin
ich? — Lassen Sie mich, Fräulein! Ihre Güte foltert mich!
— Lassen Sie mich!

Das Fräulein. Was ist Ihnen? wo wollen Sie hin?

v. Tellheim. Von Ihnen —

Das Fräulein. Von mir? (Indem sie seine Hand an ihre
Brust zieht.) Träumer!

v. Tellheim. Die Verzweiflung wird mich todt zu
Ihren Füßen werfen.

Das Fräulein. Von mir?

v. Tellheim. Von Ihnen — Sie nie, nie wieder

Lessing, Minna von Barnhelm.   4

zu sehen — Oder doch so entschloßen. so fest entschloßen,
— keine Niederträchtigkeit zu begehen, — Sie keine Unbe-
sonnenheit begehen zu lassen — Lassen Sie mich, Minna!
(Reißt sich los, und ab.)

Das Fräulein (ihm nach). Minna Sie lassen? Tellheim! Tellheim!

Ende des zweyten Aufzuges.

Dritter Aufzug.

Erster Auftritt.

Die Scene, der Saal.

Juſt, einen Brief in der Hand.

Muß ich doch noch einmal in das verdammte Haus
kommen! — Ein Briefchen von meinem Herrn an das
gnädige Fräulein, das ſeine Schweſter ſeyn will. — Wenn
ſich da nur nichts anſpinnt! — Sonſt wird des Brief-
tragens kein Ende werden. — Ich wäre es gern loß;
aber ich möchte auch nicht gern ins Zimmer hinein. —
Das Frauenszeug fragt ſo viel; und ich antworte ſo ungern! — Ha, die Thüre geht auf. — Wie gewünſcht, das
Kammerkätzchen!

Zweyter Auftritt.

Francisca. Juſt.

Francisca (zur Thüre herein, aus der ſie kommt). Sorgen
Sie nicht; ich will ſchon aufpaſſen. — Sieh! (Indem ſie Juſten

4*

gewahr wird) da ftieße mir ja gleich was auf. Aber mit dem Vieh ift nichts anzufangen.

Juft. Ihr Diener, Jungfer —

Francisca. Ich wollte fo einen Diener nicht —

Juft. Nu, nu; verzeih' Sie mir die Redensart! — Da bring' ich ein Briefchen von meinem Herrn an Ihre Herrschaft, das gnädige Fräulein — Schwefter. — War's nicht fo? Schwefter.

Francisca. Geb Er her! (Reißt ihm den Brief aus der Hand.)

Juft. Sie foll fo gut feyn, läßt mein Herr bitten, und es übergeben. Hernach foll Sie fo gut feyn, läßt mein Herr bitten — daß Sie nicht etwa denkt, ich bitte was! —

Francisca. Nun denn?

Juft. Mein Herr verfteht den Rummel. Er weiß, daß der Weg zu den Fräuleins durch die Kammermädchens geht: — bild' ich mir ein! — Die Jungfer foll alfo fo gut feyn — läßt mein Herr bitten — und ihm fagen laßen, ob er nicht das Vergnügen haben könnte, die Jungfer auf ein Viertelftündchen zu fprechen.

Francisca. Mich?

Juft. Verzeih' Sie mir, wenn ich Ihr einen unrechten Titel gebe. — Ja, Sie! — Nur auf ein Viertelftündchen; aber allein, ganz allein, insgeheim, unter vier Augen. Er hätte ihr was fehr nothwendiges zu fagen.

Francisca. Gut; ich habe ihm auch viel zu fagen. — Er kann nur kommen, ich werde zu feinem Befehle feyn.

Just. Aber, wann kann er kommen? Wann ist es Ihr am gelegensten, Jungfer? So in der Dämmerung? —

Francisca. Wie meint er das? — Sein Herr kann kommen, wann er will; — und damit packe Er sich nur!

Just. Herzlich gern! (Will fortgehen.)

Francisca. Hör Er doch; noch auf ein Wort. — Wo sind denn die andern Bedienten des Majors?

Just. Die andern? Dahin, dorthin, überallhin.

Francisca. Wo ist Wilhelm?

Just. Der Kammerdiener? den läßt der Major reisen.

Francisca. So? Und Philipp, wo ist der?

Just. Der Jäger? den hat der Herr aufzuheben gegeben.

Francisca. Weil er jetzt keine Jagd hat, ohne Zweifel. — Aber Martin?

Just. Der Kutscher? der ist weggeritten.

Francisca. Und Fritz?

Just. Der Läufer? der ist avancirt.

Francisca. Wo war Er denn, als der Major bey uns in Thüringen im Winterquartiere stand? Er war wohl noch nicht bei ihm?

Just. O ja; ich war Reitknecht bey ihm; aber ich lag im Lazarethe.

Francisca. Reitknecht? Und ietzt ist Er —?

Just. Alles in allem; Kammerdiener und Jäger, Läufer und Reitknecht.

Francisca. Das muß ich gestehen! So viele gute, tüchtige Leute von sich zu lassen, und gerade den aller=

schlechtesten zu behalten! Ich möchte doch wissen, was sein Herr an Ihm fände!

Just. Vielleicht findet er, daß ich ein ehrlicher Kerl bin.

Francisca. O, man ist auch verzweifelt wenig, wenn man weiter nichts ist, als ehrlich. — Wilhelm war ein anderer Mensch! — Reisen läßt ihn der Herr?

Just. Ja, er läßt ihn; — da ers nicht hindern kann.

Francisca. Wie?

Just. O, Wilhelm wird sich alle Ehre auf seinen Reisen machen. Er hat des Herrn ganze Garderobe mit.

Francisca. Was? — er ist doch nicht damit durch-gegangen?

Just. Das kann man nun eben nicht sagen; sondern als wir von Nürnberg weggingen, ist er uns nur nicht damit nachgekommen.

Francisca. O der Spitzbube!

Just. Er war ein ganzer Mensch! Er konnte frisiren, und rasiren, und parliren, — und charmiren — Nicht wahr?

Francisca. Sonach hätte ich den Jäger nicht von mir gethan, wenn ich wie der Major gewesen wäre. Konnte er ihn schon nicht als Jäger nützen, so war es doch sonst ein tüchtiger Bursche. — Wem hat er ihn denn aufzuheben gegeben?

Just. Dem Kommandanten von Spandau.

Francisca. Der Bestung? Die Jagd auf den Wällen kann doch da auch nicht groß seyn.

Just. O, Philipp jagt auch da nicht.

Francisca. Was thut er denn?

Just. Er karrt.

Francisca. Er karrt?

Just. Aber nur auf drey Jahre. Er machte ein kleines Complott unter des Herrn Compagnie, und wollte sechs Mann durch die Vorposten bringen —

Francisca. Ich erstaune, der Bösewicht!

Just. O es ist ein tüchtiger Kerl! Ein Jäger, der funfzig Meilen in der Runde, durch Wälder und Moräste alle Fußsteige, alle Schleifwege kennt. Und schießen kann er!

Francisca. Gut, daß der Major nur noch den braven Kutscher hat!

Just. Hat er ihn noch?

Francisca. Ich denke, Er sagte, Martin wäre weggeritten? So wird er doch wohl wieder kommen.

Just. Meynt Sie?

Francisca. Wo ist er denn hingeritten?

Just. Es geht nun in die zehnte Woche, da ritt er mit des Herrn einzigem und letztem Reitpferde — nach der Schwemme.

Francisca. Und ist noch nicht wieder da? O, der Galgenstrick!

Just. Die Schwemme kann den braven Kutscher auch wohl verschwemmt haben! — Es war gar ein rechter Kutscher! Er hatte in Wien zehn Jahre gefahren. So einen kriegt der Herr gar nicht wieder. Wenn die Pferde in vollem Rennen waren, so durfte er nur machen: Burr! und auf einmal standen sie wie die Mauern. Dabey war er ein ausgelernter Roßarzt!

Francisca. Nun ist mir für das Avancement des Läufers bange.

Just. Nein, nein; damit hat's seine Richtigkeit. Er ist Trommelschläger bey einem Garnisonregimente geworden.

Francisca Dacht ichs doch!

Just. Fritz hing sich an ein lüderliches Mensch, kam des Nachts niemals nach Hause, machte auf des Herrn Namen überall Schulden, und tausend infame Streiche. Kurz, der Major sah, daß er mit aller Gewalt höher wollte: (das Hängen pantomimisch anzeigend) er brachte ihn also auf guten Weg.

Francisca. O der Bube!

Just. Aber ein perfekter Läufer ist er, das ist gewiß. Wenn ihm der Herr funfzig Schritte vorgab, so konnte er ihn mit seinem besten Renner nicht einhohlen. Fritz hingegen kann dem Galgen tausend Schritte vorgeben, und ich wette mein Leben, er hohlt ihn ein. — Es waren wohl alles Ihre guten Freunde, Jungfer? Der Wilhelm und der Philipp, der Martin und der Fritz? — Nun, Just empfiehlt sich!

(Geht ab.)

Dritter Auftritt.

Francisca und hernach der Wirth.

Francisca (die ihm ernsthaft nachsieht). Ich verdiene den Biß. — Ich bedanke mich, Just. Ich setzte die Ehrlichkeit zu tief herab. Ich will die Lehre nicht vergessen. — Ah! der unglückliche Mann! (Kehrt sich um und will nach dem Zimmer des Fräuleins gehen, indem der Wirth kommt.)

Der Wirth. Warte Sie doch, mein schönes Kind —

Francisca. Ich habe ietzt nicht Zeit, Herr Wirth —

Der Wirth. Nu, ein kleines Augenblickchen! — Noch keine Nachricht weiter von dem Herrn Major? — Das konnte doch unmöglich sein Abschied seyn!

Francisca. Was denn?

Der Wirth. Hat es Ihr das gnädige Fräulein nicht erzehlt? — Als ich Sie, mein schönes Kind, unten in der Küche verließ, so kam ich von ungefähr wieder hier in den Saal —

Francisca. Von ungefähr, in der Absicht ein wenig zu horchen.

Der Wirth. Ey, mein Kind, wie kann Sie das von mir denken? Einem Wirthe läßt nichts übler, als Neugierde. — Ich war nicht lange hier, so prellte auf einmal die Thüre bey dem gnädigen Fräulein auf. Der Major stürzte heraus; das Fräulein ihm nach; beide in einer Bewegung, mit Blicken, in einer Stellung; — so was läßt sich nur sehen. Sie ergriff ihn; er riß sich loß; sie ergriff ihn wieder. Tellheim! Fräulein! lassen Sie mich! Wohin?

— So zog er sie bis an die Treppe. Mir war schon
bange, er würde sie mit herabreißen. Aber er wand sich
noch loß. Das Fräulein blieb an der obersten Schwelle
stehen; sah ihm nach; rief ihm nach; rang die Hände. Auf
einmal wandte sie sich um, lief nach dem Fenster, von
dem Fenster wieder zur Treppe, von der Treppe in dem
Saale hin und wieder. Hier stand ich; hier ging sie drey=
mal bey mir vorbey, ohne mich zu sehen. Endlich war
es, als ob sie mich sähe; aber Gott sey bey uns! ich
glaube, das Fräulein sah mich für Sie an, mein Kind.
Francisca rief sie, die Augen auf mich gerichtet, „bin ich
nun glücklich?" Drauf sah sie steif an die Decke, und wie=
derum: „bin ich nun glücklich?" Drauf wischte sie sich
Thränen aus dem Auge, und lächelte, und fragte mich
wiederum: „Francisca, bin ich nun glücklich?" — Wahr=
haftig, ich wußte nicht, wie mir war. Bis sie nach ihrer
Thüre lief; da kehrte sie sich nochmals nach mir um: „So
komm doch, Francisca; wer jammert dich nun?" — Und
damit hinein.

Francisca. O, Herr Wirth, das hat Ihnen ge=
träumt.

Der Wirth. Geträumt? Nein, mein schönes Kind; so
umständlich träumt man nicht. — Ja, ich wollte wie viel
drum geben, — ich bin nicht neugierig, — aber ich wollte
wie viel drum geben, wenn ich den Schlüssel dazu hätte.

Francisca. Den Schlüssel? zu unserer Thüre? Herr
Wirth, der steckt innerhalb; wir haben ihn zur Nachtzeit
hereingezogen, wir sind furchtsam.

Der Wirth. Nicht so einen Schlüssel; ich will sagen, mein schönes Kind, den Schlüssel, die Auslegung gleichsam, so den eigentlichen Zusammenhang von dem, was ich gesehen. —

Francisca. Ja so! — Nun, Adieu, Herr Wirth. Werden wir bald essen, Herr Wirth?

Der Wirth. Mein schönes Kind, nicht zu vergessen; was ich eigentlich sagen wollte —

Francisca. Nun? aber nur kurz —

Der Wirth. Das gnädige Fräulein hat noch meinen Ring; ich nenne ihn meinen —

Francisca. Er soll Ihnen unverloren seyn.

Der Wirth. Ich trage darum auch keine Sorge; ich wills nur erinnern. Sieht Sie; ich will ihn gar nicht einmal wieder haben. Ich kann mir doch wohl an den Fingern abzählen, woher sie den Ring kannte, und woher er dem ihrigen so ähnlich sah. Er ist in ihren Händen am besten aufgehoben. Ich mag ihn gar nicht mehr, und will indeß die hundert Pistolen, die ich darauf gegeben habe, auf des gnädigen Fräulein Rechnung setzen. Nicht so recht, mein schönes Kind?

Vierter Auftritt.

Paul Werner. Der Wirth. Francisca.

Werner. Da ist er ja!

Francisca. Hundert Pistolen? Ich meinte nur achtzig.

Der Wirth. Es ist wahr, nur neunzig, nur neunzig. Das will ich thun, mein schönes Kind, das will ich thun.

Francisca. Alles das wird sich finden, Herr Wirth.

Werner (der ihnen hinterwärts näher kommt und auf einmal der Francisca auf die Schulter klopft). Frauenzimmerchen! Frauenzimmerchen!

Francisca (erschrickt). He!

Werner. Erschreck Sie nicht! — Frauenzimmerchen, Frauenzimmerchen, ich seh, Sie ist hübsch, und ist wohl gar fremd — Und hübsche fremde Leute müssen gewarnt werden — Frauenzimmerchen, Frauenzimmerchen, nehm' Sie sich vor dem Mann in Acht! (Auf den Wirth zeigend.)

Der Wirth. Je, unvermuthete Freude! Herr Paul Werner! Willkommen bey uns, willkommen! — Ah, es ist doch immer noch der lustige, spaßhafte, ehrliche Werner! — Sie soll sich vor mir in Acht nehmen, mein schönes Kind! Ha, ha, ha!

Werner. Geh Sie ihm überall aus dem Wege!

Der Wirth. Mir! mir! — Bin ich denn so gefährlich? — Ha, ha, ha! — Hör' Sie doch, mein schönes Kind! Wie gefällt Ihr der Spaß?

Werner. Daß es doch immer Seines gleichen für Spaß erklären, wenn man ihnen die Wahrheit sagt

Der Wirth. Die Wahrheit! ha, ha, ha! — Nicht wahr, mein schönes Kind, immer besser! Der Mann kann spaßen! Ich gefährlich? — ich? — So vor zwanzig Jahren war was dran. Ja, ja, mein schönes Kind, da war ich gefährlich: da wußte manche davon zu sagen; aber jetzt —

Werner. O über den alten Narren!

Der Wirth. Da steckts eben! Wenn wir alt werden, ist es mit unserer Gefährlichkeit aus. Es wird ihm auch nicht besser gehen, Herr Werner!

Werner. Potz Geck, und kein Ende! — Frauenzimmerchen, so viel Verstand wird Sie mir wohl zutrauen, daß ich von der Gefährlichkeit nicht rede. Der eine Teufel hat ihn verlassen, aber es sind dafür sieben andere in ihn gefahren —

Der Wirth. O hör Sie doch, hör Sie doch! Wie er das nun wieder so herum zu bringen weiß! — Spaß über Spaß, und immer was Neues! O es ist ein vortrefflicher Mann, der Herr Paul Werner! — (Zur Francisca, als ins Ohr.) Ein wohlhabender Mann, und noch ledig. Er hat drey Meilen von hier ein schönes Freyschulzengericht. Der hat Beute gemacht im Kriege! — Und ist Wachtmeister bey unserm Herr Major gewesen. O das ist ein Freund von unserm Herrn Major! Das ist ein Freund, der sich für ihn todschlagen ließe! —

Werner. Ja! und das ist ein Freund von meinem Major! das ist ein Freund — den der Major sollte todschlagen lassen.

Der Wirth. Wie? was? — Nein, Herr Werner, das ist nicht guter Spaß. — Ich kein Freund vom Herrn Major? — Nein, den Spaß versteh ich nicht.

Werner. Just hat mir schöne Dinge erzehlt.

Der Wirth. Just? Ich dachts wohl, daß Just aus Ihm spräche. Just ist ein böser, garstiger Mensch. Aber hier ist ein schönes Kind zur Stelle; das kann reden; das mag sagen, ob ich kein Freund von dem Herrn Major bin, ob ich ihm keine Dienste erwiesen habe. Und warum sollte ich nicht sein Freund seyn? Ist er nicht ein verdienter Mann? Es ist wahr; er hat das Unglück gehabt, abgedankt zu werden: aber was thut das? Der König kann nicht alle verdiente Männer kennen, und wenn er sie auch alle kennte, so kann er sie nicht alle belohnen.

Werner. Das heißt Ihn Gott sprechen! — Aber Just — freylich ist an Justen auch nicht viel besonderes, doch ein Lügner ist Just nicht: und wenn das wahr wäre, was er mir gesagt hat —

Der Wirth. Ich will von Justen nichts hören! Wie gesagt, das schöne Kind hier mag sprechen! (Zu ihr ins Ohr.) Sie weiß, mein Kind; den Ring! — Erzehl Sie es doch Herr Wernern. Da wird er mich beßer kennen lernen. Und damit es nicht herauskömmt, als ob Sie mir nur zu gefallen rede: so will ich nicht einmal dabey seyn. Ich will nicht dabey seyn; ich will gehen; aber Sie sollen mir es wieder sagen, Herr Werner, Sie sollen mir es wieder sagen, ob Just nicht ein garstiger Verleumder ist.

Fünfter Auftritt.

Paul Werner. Francisca.

Werner. Frauenzimmerchen, kennt Sie denn meinen Major?

Francisca. Den Major von Tellheim? Ja wohl kenn' ich den braven Mann.

Werner. Ist es nicht ein braver Mann? Ist Sie dem Manne wohl gut? —

Francisca. Vom Grunde meines Herzens.

Werner. Wahrhaftig? Sieht Sie, Frauenzimmerchen; nun kömmt Sie mir noch einmal so schön vor. — Aber was sind denn das für Dienste, die der Wirth unserm Major will erwiesen haben?

Francisca. Ich wüßte eben nicht; es wäre denn, daß er sich das Gute zuschreiben wollte, welches glücklicher Weise aus seinem schurkischen Betragen entstanden.

Werner. So wäre es ja wahr, was mir Just gesagt hat? — (Gegen die Seite, wo der Wirth abgegangen.) Dein Glück, daß du gegangen bist! — Er hat ihm wirklich die Zimmer ausgeräumt? — So einem Manne, so einen Streich zu spielen, weil sich das Eselsgehirn einbildet, daß der Mann kein Geld mehr habe! Der Major kein Geld?

Francisca. So? hat der Major Geld?

Werner. Wie Heu! Er weiß nicht, wie viel er hat. Er weiß nicht, wer ihm schuldig ist. Ich bin ihm selber schuldig, und bringe ihm hier ein altes Restchen. Sieht Sie, Frauenzimmerchen, hier in diesem Beutelchen (das er

aus der einen Tasche zieht) sind hundert Louisdor; und in die=
sem Röllchen (das er aus der andern zieht) hundert Ducaten.
Alles sein Geld!

Francisca. Wahrhaftig? Aber warum versetzt denn
der Major? Er hat ja einen Ring versetzt —

Werner. Versetzt! Glaub Sie doch so was nicht.
Vielleicht, daß er den Bettel hat gern wollen los seyn.

Francisca. Es ist kein Bettel; es ist ein sehr kost=
barer Ring, den er wohl noch dazu von lieben Händen hat.

Werner. Das wird's auch seyn. Von lieben Händen;
ja, ja! So was erinnert Einen manchmal, woran man
nicht gern erinnert seyn will. Drum schafft mans aus
den Augen.

Francisca. Wie?

Werner. Dem Soldaten gehts in Winterquartieren
wunderlich. Da hat er nichts zu thun, und pflegt sich,
und macht vor langer Weile Bekanntschaften, die er nur
auf den Winter meinet, und die das gute Herz, mit dem
er sie macht, für Zeit Lebens annimmt. Husch ist ihm dann
ein Ringelchen an den Finger practicirt; er weis selbst
nicht, wie es dran kommt. Und nicht selten gäb' er gern
den Finger mit drum, wenn er es nur wieder loß wer=
den könnte.

Francisca. Ey! und sollte es wohl dem Major
auch so gegangen seyn?

Werner. Ganz gewiß. Besonders in Sachsen; wenn
er zehn Finger an jeder Hand gehabt hätte, er hätte sie
alle zwanzig voller Ringe gekriegt.

Francisca (bey Seite). Das klingt ja ganz besonders und verdient untersucht zu werden. — — Herr Freyschulze, oder Herr Wachtmeister —

Werner. Frauenzimmerchen, wenns Ihr nichts verschlägt: — Herr Wachtmeister, höre ich am liebsten.

Francisca. Nun, Herr Wachtmeister, hier habe ich einen Brief von dem Herrn Major an meine Herrschaft. Ich will ihn nur geschwind hineintragen und bin gleich wieder da. Will Er wohl so gut seyn und so lange hier warten? Ich möchte gar zu gern mehr mit Ihm plaudern.

Werner. Plaudert Sie gern, Frauenzimmerchen? Nun meinetwegen; geh Sie nur; ich plaudre auch gern; ich will warten.

Francisca. O, warte Er doch ja! (Geht ab.)

Sechster Auftritt.

Paul Werner.

Das ist kein unebenes Frauenzimmerchen! — Aber ich hätte ihr doch nicht versprechen sollen zu warten. — Denn das wichtigste wäre wohl, ich suchte den Major auf. — Er will mein Geld nicht, und versetzt lieber? — Daran kenn' ich ihn. — Es fällt mir ein Schneller ein. — Als ich vor vierzehn Tagen in der Stadt war, besuchte ich die Rittmeisterin Marloff. Das arme Weib lag krank, und jammerte, daß ihr Mann dem Major vierhundert Thaler schuldig geblieben wäre, die sie nicht wüßte, wie sie sie

bezahlen ſollte. Heute wollte ich ſie wieder beſuchen; —
ich wollte ihr ſagen, wenn ich das Geld für mein Gütchen
ausgezahlt kriegte, daß ich ihr fünfhundert Thaler leihen
könnte. — Denn ich muß ja wohl was davon in Sicher-
heit bringen, wenn's in Perſien nicht geht. — Aber ſie
war über alle Berge. Und ganz gewiß wird ſie den Major nicht haben bezahlen können. — Ja, ſo will ich's machen,
und das je eher, je lieber. — Das Frauenzimmerchen
mag mir's nicht übel nehmen; ich kann nicht warten.
(Geht in Gedanken ab und ſtößt faſt auf den Major, der ihm entgegen
kommt).

Siebender Auftritt.

v. Tellheim. Paul Werner.

v. Tellheim. So in Gedanken, Werner?

Werner. Da ſind Sie ja; ich wollte eben gehen, und
Sie in Ihrem neuen Quartiere beſuchen, Herr Major.

v. Tellheim. Um mir auf den Wirth des alten die
Ohren voll zu fluchen. Gedenke mir nicht daran.

Werner. Das hätte ich beyher gethan; ja. Aber
eigentlich wollte ich mich nur bey Ihnen bedanken, daß
Sie ſo gut geweſen, und mir die hundert Louisdor aufgehoben. Juſt hat mir ſie wiedergegeben. Es wäre mir
wohl freylich lieb, wenn Sie mir ſie noch länger aufheben
könnten. Aber Sie ſind in ein neu Quartier gezogen, das

3. Aufzug 7. Auftritt.

6

weber Sie, noch ich kennen. Wer weiß, wie's da ist. Sie könnten Ihnen da gestohlen werden; und Sie müßten mir sie ersetzen; da hülfe nichts davor. Also kann ich's Ihnen freylich nicht zumuthen.

v. Tellheim (lächelnd). Seit wann bist du so vorsich-tig, Werner?

Werner. Es lernt sich wohl. Man kann heut zu Tage mit seinem Gelde nicht vorsichtig genug seyn. — Darnach hatte ich noch was an Sie zu bestellen, Herr Major; von der Rittmeisterin Marloff; ich kam eben von ihr her. Ihr Mann ist Ihnen ja vierhundert Thaler schul-dig geblieben; hier schickt sie Ihnen auf Abschlag hundert Ducaten. Das Uebrige will sie künftige Woche schicken. Ich mochte wohl selber Ursache seyn, daß sie die Summe nicht ganz schickt. Denn sie war mir auch ein Thaler achtzig schuldig; und weil sie dachte, ich wäre gekommen, sie zu mahnen — wie's denn auch wohl wahr war; — so gab sie mir sie, und gab sie mir aus dem Röllchen, das sie für Sie schon zu rechte gelegt hatte. — Sie können auch schon eher Ihre hundert Thaler ein Acht Tage noch missen, als ich meine Paar Groschen. — Da nehmen Sie doch! (Reicht ihm die Rolle Ducaten.)

v. Tellheim. Werner!

Werner. Nun? warum sehen Sie mich so starr an? — So nehmen Sie doch, Herr Major! —

v. Tellheim. Werner!

Werner. Was fehlt Ihnen? Was ärgert Sie?

v. Tellheim (bitter, indem er sich vor die Stirne schlägt und mit dem Fuße auftritt). Daß es — die vierhundert Thaler nicht ganz sind!

Werner. Nun, nun, Herr Major! Haben Sie mich denn nicht verstanden?

v. Tellheim. Eben weil ich dich verstanden habe! — Daß mich doch die besten Menschen heut am meisten quälen müssen!

Werner. Was sagen Sie?

v. Tellheim. Es geht dich nur zur Hälfte an! — Geh, Werner! (Indem er die Hand, mit der ihm Werner die Ducaten reicht, zurück stößt.)

Werner. Sobald ich das los bin!

v. Tellheim. Werner, wenn du nun von mir hörst: daß die Marloffin heute ganz früh selbst bey mir gewesen ist?

Werner. So?

v. Tellheim. Daß sie mir nichts mehr schuldig ist?

Werner. Wahrhaftig?

v. Tellheim. Daß sie mich bey Heller und Pfennig bezahlt hat: was wirst du dann sagen?

Werner (der sich einen Augenblick besinnt). Ich werde sagen, daß ich gelogen habe, und daß es eine hundsföttsche Sache ums Lügen ist, weil man drüber ertappt werden kann.

v. Tellheim. Und wirst dich schämen?

Werner. Aber der, der mich so zu lügen zwingt, was sollte der? Sollte er sich nicht auch schämen? Sehen Sie, Herr Major, wenn ich sagte, daß mich Ihr Verfahren nicht verdröße, so hätte ich wieder gelogen, und ich will nicht mehr lügen.

v. Tellheim. Sey nicht verdrüßlich, Werner! Ich erkenne dein Herz und deine Liebe zu mir. Aber ich brauche dein Geld nicht.

Werner. Sie brauchen es nicht? Und verkaufen lieber, und versetzen lieber, und bringen sich lieber in der Leute Mäuler?

v. Tellheim. Die Leute mögen es immer wissen, daß ich nichts mehr habe. Man muß nicht reicher scheinen wollen, als man ist.

Werner. Aber warum ärmer? — Wir haben, so lange unser Freund hat.

v. Tellheim. Es ziemt sich nicht, daß ich dein Schuldner bin.

Werner. Ziemt sich nicht? — Wenn an einem heißen Tage, den uns die Sonne und der Feind heiß machte, sich Ihr Reitknecht mit den Kantinen verloren hatte, und Sie zu mir kamen und sagten: Werner hast du nichts zu trinken? und ich Ihnen meine Feldflasche reichte, nicht wahr, Sie nahmen und tranken? — Ziemte sich das? — Bey meiner armen Seele, wenn ein Trunk faules Wasser damals nicht oft mehr werth war, als alle der Quark! (Indem er auch den Beutel mit den Louisdoren herauszieht, und ihm beydes hinreicht.) Nehmen Sie, lieber Major! Bilden Sie sich ein, es ist Wasser. Auch das hat Gott für alle geschaffen.

v. Tellheim. Du marterst mich; du hörst es ja, ich will dein Schuldner nicht seyn.

Werner. Erst ziemte es sich nicht; nun wollen Sie nicht? Ja, das ist was anderes. (Etwas ärgerlich.) Sie wollen

mein Schuldner nicht seyn? Wenn Sie es denn aber schon
wären, Herr Major? Oder sind Sie dem Manne nichts
schuldig, der einmal den Hieb auffing, der Ihnen den Kopf
spalten sollte, und ein andermal den Arm vom Rumpfe
hieb, der eben losbrücken und Ihnen die Kugel durch die
Brust jagen wollte? — Was können Sie diesem Manne
mehr schuldig werden? Oder hat es mit meinem Halse
weniger zu sagen, als mit meinem Beutel? — Wenn das
vornehm gedacht ist, bey meiner armen Seele, so ist es
auch sehr abgeschmackt gedacht!

v. Tellheim. Mit wem sprichst du so, Werner? Wir
sind allein; jetzt darf ich es sagen; wenn uns ein Dritter
hörte, so wäre es Windbeuteley. Ich bekenne es mit Vergnügen, daß ich dir zweymal mein Leben zu danken habe.
Aber, Freund, woran fehlt mir es, daß ich bey Gelegenheit nicht eben so viel für dich würde gethan haben? He!

Werner. Nur an der Gelegenheit! Wer hat daran
gezweifelt, Herr Major? Habe ich Sie nicht hundertmal
für den gemeinsten Soldaten, wenn er ins Gedränge gekommen war, Ihr Leben wagen sehen?

v. Tellheim. Also!

Werner. Aber —

v. Tellheim. Warum verstehst du mich nicht recht?
Ich sage: es ziemt sich nicht, daß ich dein Schuldner bin;
ich will dein Schuldner nicht seyn. Nehmlich in den Um-
ständen nicht, in welchen ich mich itzt befinde.

Werner. So, so! Sie wollen es versparen, bis auf
beßre Zeiten; Sie wollen ein andermal Geld von mir

borgen, wenn Sie keines brauchen, wenn Sie selbst welches haben, und ich vielleicht keins.

v. Tellheim. Man muß nicht borgen, wenn man nicht wieder zu geben weiß.

Werner. Einem Mann, wie Sie, kann es nicht immer fehlen.

v. Tellheim. Du kennst die Welt! — Am wenigsten muß man sodann von Einem borgen, der sein Geld selbst braucht.

Werner. O ja, so Einer bin ich! Wozu braucht ichs denn? — Wo man einen Wachtmeister nöthig hat, giebt man ihm auch zu leben.

v. Tellheim. Du brauchst es, mehr als Wachtmeister zu werden; dich auf einer Bahn weiter zu bringen, auf der, ohne Geld, auch der Würdigste zurückbleiben kann.

Werner. Mehr als Wachtmeister zu werden? daran denke ich nicht. Ich bin ein guter Wachtmeister; und dürfte leicht ein schlechter Rittmeister, und sicherlich noch ein schlechterer General werden. Die Erfahrung hat man.

v. Tellheim. Mache nicht, daß ich etwas Unrechtes von dir denken muß, Werner! Ich habe es nicht gern gehört, was mir Just gesagt hat. Du hast dein Gut verkauft, und willst wieder herum schwärmen. Laß mich nicht von dir glauben, daß du nicht sowohl das Metier, als die wilde, lüderliche Lebensart liebest, die unglücklicher Weise damit verbunden ist. Man muß Soldat seyn, für sein Land, oder aus Liebe zu der Sache, für die gefochten wird. Ohne Absicht heute hier, morgen da dienen, heißt wie ein Fleischerknecht reisen, weiter nichts.

Werner Nun ja doch, Herr Major; ich will Ihnen folgen. Sie wissen besser, was sich gehört. Ich will bey Ihnen bleiben. — Aber, lieber Major, nehmen Sie doch auch derweile mein Geld. Heut oder morgen muß Ihre Sache aus seyn. Sie müssen Geld die Menge bekommen. Sie sollen es mir sodann mit Interessen wieder geben. Ich thu es ja nur der Interessen wegen.

v. Tellheim. Schweig davon!

Werner. Bey meiner armen Seele, ich thu es nur der Interessen wegen! — Wenn ich manchmal dachte: wie wird es mit dir aufs Alter werden? wenn du zu Schanden gehauen bist? wenn du nichts haben wirst? wenn du wirst betteln gehen müssen? So dachte ich wieder: Nein, du wirst nicht betteln gehen; du wirst zum Major Tellheim gehen, der wird seinen letzten Pfennig mit dir theilen; der wird dich zu Tode füttern; bey dem wirst du als ein ehrlicher Kerl sterben können.

v. Tellheim (indem er Werners Hand ergreift). Und, Kamerad, das denkst du nicht noch? •

Werner. Nein, das denk ich nicht mehr. — Wer von mir nichts annehmen will, wenn ers bedarf und ichs habe; der will mir auch nichts geben, wenn ers hat, und ichs bedarf. — Schon gut! (Will gehen.)

v. Tellheim. Mensch, mache mich nicht rasend! Wo willst du hin? (Hält ihn zurück.) Wenn ich dir nun auf meine Ehre versichere, daß ich noch Geld habe; wenn ich dir auf meine Ehre verspreche, daß ich dir es sagen will, wenn ich keines mehr habe; daß du der erste und einzige seyn sollst, bey dem ich mir etwas borgen will: — bist du dann zufrieden?

Werner. Muß ich nicht? — Geben Sie mir die Hand darauf, Herr Major.

v. Tellheim. Da, Paul! — Und nun genug davon. Ich kam hieher, um ein gewisses Mädchen zu sprechen —

Achter Auftritt.

Francisca aus dem Zimmer des Fräuleins. v. Tellheim. Paul Werner.

Francisca (im Heraustreten). Sind Sie noch da, Herr Wachtmeister? — (Indem sie den Tellheim gewahr wird.) Und Sie sind auch da, Herr Major? — Den Augenblick bin ich zu Ihren Diensten. (Geht geschwind wieder in das Zimmer.)

Neunter Auftritt.

v. Tellheim. Paul Werner.

v. Tellheim. Das war sie! — Aber ich höre ja, du kennst sie, Werner?

Werner. Ja, ich kenne das Frauenzimmerchen —

v. Tellheim. Gleichwohl, wenn ich mich recht erinnere, als ich in Thüringen Winterquartier hatte, warst du nicht bey mir.

Werner. Nein, da besorgte ich in Leipzig Mundirungsstücke.

v. Tellheim. Woher kennst du sie denn also?

Werner. Unsere Bekanntschaft ist noch blutjung. Sie ist von heute. Aber junge Bekanntschaft ist warm.

v. Tellheim. Also hast du ihr Fräulein wohl auch schon gesehen?

Werner. Ist ihre Herrschaft ein Fräulein? Sie hat mir gesagt, Sie kennten ihre Herrschaft.

v. Tellheim. Hörst Du nicht, aus Thüringen her.

Werner. Ist das Fräulein jung?

v. Tellheim. Ja.

Werner. Schön?

v. Tellheim. Sehr schön.

Werner. Reich?

v. Tellheim. Sehr reich.

Werner. Ist Ihnen das Fräulein auch so gut, wie das Mädchen? Das wäre ja vortrefflich!

v. Tellheim. Wie meynst du?

Zehnter Auftritt.

Francisca (wieder heraus, mit einem Brief in der Hand). v. Tellheim. Paul Werner.

Francisca. Herr Major —

v. Tellheim. Liebe Francisca, ich habe dich noch nicht willkommen heißen können.

Francisca. In Gedanken werden Sie es doch schon gethan haben. Ich weiß, Sie sind mir gut. Ich Ihnen

3. Aufzug 10. Auftritt.

auch. Aber das ist gar nicht artig, daß Sie Leute, die Ihnen gut sind, so ängstigen.

Werner (vor sich). Ha, nun merk' ich. Es ist richtig!

v. Tellheim. Mein Schicksal, Francisca! — Hast du ihr den Brief übergeben?

Francisca. Ja, und hier übergebe ich Ihnen — (Reicht ihm den Brief.)

v. Tellheim. Eine Antwort? —

Francisca. Nein, Ihren eigenen Brief wieder.

v. Tellheim. Was? Sie will ihn nicht lesen?

Francisca. Sie wollte wohl; aber — wir können Geschriebenes nicht gut lesen.

v. Tellheim. Schäckerinn!

Francisca. Und wir denken, daß das Briefschreiben für die nicht erfunden ist, die sich mündlich mit einander unterhalten können, sobald sie wollen.

v. Tellheim. Welcher Vorwand! Sie muß ihn lesen. Er enthält meine Rechtfertigung, — alle die Gründe und Ursachen —

Francisca. Die will das Fräulein von Ihnen selbst hören, nicht lesen.

v. Tellheim. Von mir selbst hören? Damit mich jedes Wort, jede Miene von ihr verwirre; damit ich in jedem ihrer Blicke die ganze Größe meines Verlusts empfinde —

Francisca. Ohne Barmherzigkeit! — Nehmen Sie! (Sie giebt ihm den Brief.) Sie erwartet Sie um drey Uhr. Sie will ausfahren, und die Stadt besehn. Sie sollen mit ihr fahren.

v. **Tellheim.** Mit ihr fahren?

Francisca. Und was geben Sie mir, so laß ich Sie beide ganz allein fahren? Ich will zu Hause bleiben.

v. **Tellheim.** Ganz allein?

Francisca. In einem schönen verschlossenen Wagen.

v. **Tellheim.** Unmöglich!

Francisca. Ja, ja; im Wagen muß der Herr Major Katz aushalten; da kann er uns nicht entwischen. Darum geschieht es eben. — Kurz, Sie kommen, Herr Major; und Punkt drey. — Nun? Sie wollten mich ja auch allein sprechen. Was haben Sie mir denn zu sagen?'— Ja so, wir sind nicht allein. (Indem sie Werner ansieht.)

v. **Tellheim.** Doch Francisca, wir wären allein. Aber da das Fräulein den Brief nicht gelesen hat, so habe ich dir noch nichts zu sagen.

Francisca. So? wären wir doch allein? Sie haben vor dem Herrn Wachtmeister keine Geheimnisse? —

v. **Tellheim.** Nein, keine.

Francisca. Gleichwohl, dünkt mich, sollten Sie welche vor ihm haben.

v. **Tellheim.** Wie das?

Werner. Warum das, Frauenzimmerchen?

Francisca. Besonders Geheimnisse von einer gewissen Art. — Alle zwanzig, Herr Wachtmeister? (Indem sie beide Hände mit gespreizten Fingern in die Höhe hält.)

Werner. St! st! Frauenzimmerchen, Frauenzimmerchen!

v. **Tellheim.** Was heißt das?

Francisca. Husch ists am Finger, Herr Wachtmeister? (Als ob sie einen Ring geschwind ansteckte.)

v. Tellheim. Was habt ihr?

Werner. Frauenzimmerchen, Frauenzimmerchen! Sie wird ja wohl Spaß verstehen?

v. Tellheim. Werner, du hast doch nicht vergessen, was ich dir mehrmal gesagt habe, daß man über einen gewissen Punkt mit Frauenzimmern gar nicht scherzen muß?

Werner. Bey meiner armen Seele, ich kanns vergessen haben! — Frauenzimmerchen, ich bitte —

Francisca. Nun, wenn es Spaß gewesen ist; das-mal will ich es ihm verzeihen.

v. Tellheim. Wenn ich denn durchaus kommen muß, Francisca: so mache doch nur, daß das Fräulein den Brief vorher noch lieset. Das wird mir die Peinigung ersparen, Dinge noch einmal zu denken, noch einmal zu sagen, die ich so gern vergessen möchte. Da, gieb ihr ihn! (Indem er den Brief umkehrt und ihr ihn zureichen will, wird er gewahr, daß er erbrochen ist.) Aber sehe ich recht? Der Brief, Francisca, ist ja erbrochen.

Francisca. Das kann wohl seyn. (Sieht hin.) Wahrhaftig, er ist erbrochen. Wer muß ihn denn erbrochen haben? Doch gelesen haben wir ihn wirklich nicht, Herr Major, wirklich nicht. Wir wollen ihn auch nicht lesen, denn der Schreiber kömmt selbst. Kommen Sie ja; und wissen Sie was, Herr Major? Kommen Sie nicht so, wie Sie da sind; in Stiefeln, kaum frisirt. Sie sind zu ent-schuldigen; Sie haben uns nicht vermuthet. Kommen Sie

in Schuen und laſſen Sie ſich friſch friſiren. — So ſehen
Sie mir gar zu brav, gar zu preußiſch aus!

v. Tellheim. Ich danke dir, Francisca.

Francisca. Sie ſehen aus, als ob Sie vorige Nacht
kampirt hätten.

v. Tellheim. Du kannſt es errathen haben.

Francisca. Wir wollen uns gleich auch putzen, und
ſodann eſſen. Wir behielten Sie gern zum Eſſen, aber
Ihre Gegenwart möchte uns an dem Eſſen hindern; und
ſehen Sie, ſo gar verliebt ſind wir nicht, daß uns nicht
hungerte.

v. Tellheim. Ich geh! Francisca, bereite ſie indeß
ein wenig vor; damit ich weder in ihren noch in meinen
Augen verächtlich werden darf. — Komm, Werner, du
ſollſt mit mir eſſen.

Werner. An der Wirthstafel hier im Hauſe? Da
wird mir kein Biſſen ſchmecken.

v. Tellheim. Bey mir auf der Stube.

Werner. So folge ich Ihnen gleich. Nur noch ein
Wort mit dem Frauenzimmerchen.

v. Tellheim. Das gefällt mir nicht übel! (Geht ab.)

Elfter Auftritt.
Paul Werner. Francisca.

Francisca. Nun, Herr Wachtmeiſter?

Werner. Frauenzimmerchen, wenn ich wieder komme,
ſoll ich auch geputzter kommen?

Francisca. Komm Er, wie Er will, Herr Wachtmeister; meine Augen werden nichts wider ihn haben. Aber
meine Ohren werden desto mehr auf ihrer Hut gegen Ihn
seyn müssen. — Zwanzig Finger, alle voller Ringe! Ey,
ey, Herr Wachtmeister!

Werner. Nein, Frauenzimmerchen; eben das wollt'
ich Ihr noch sagen: die Schnurre fuhr mir nur so heraus!
Es ist nichts dran. Man hat ja wohl an Einem Ringe
genug. Und hundert und aber hundertmal, habe ich den
Major sagen hören: das muß ein Schurke von einem Soldaten seyn, der ein Mädchen anführen kann! — So denk'
ich auch, Frauenzimmerchen. Verlaß Sie sich drauf! —
Ich muß machen, daß ich ihm nachkomme. — Guten Appetit, Frauenzimmerchen! (Geht ab.)

Francisca. Gleichfalls, Herr Wachtmeister! — Ich
glaube, der Mann gefällt mir! (Indem sie herein gehen will,
kommt ihr das Fräulein entgegen.)

Zwölfter Auftritt.

Das Fräulein. Francisca.

Das Fräulein. Ist der Major schon wieder fort? —
Francisca, ich glaube ich wäre itzt schon wieder ruhig
genug, daß ich ihn hätte hier behalten können.

Francisca. Und ich will Sie noch ruhiger machen.

Das Fräulein. Desto besser! Sein Brief, o sein
Brief! Jede Zeile sprach den ehrlichen edlen Mann. Jede

Weigerung mich zu besitzen betheuerte nur seine Liebe. —
Er wird es wohl gemerkt haben, daß wir den Brief ge=
lesen. — Mag er doch; wenn er nur kömmt. Er kömmt
doch gewiß? — Bloß ein wenig zu viel Stolz, Francisca,
scheint mir in seiner Aufführung zu seyn. Denn auch seiner
Geliebten sein Glück nicht wollen zu danken haben, ist Stolz,
unverzeihlicher Stolz! Wenn er mir diesen zu stark merken
läßt, Francisca —

Francisca. So wollen Sie ihm entsagen?

Das Fräulein. Ey, sieh doch! Jammert er dich nicht
schon wieder? Nein, liebe Närrin, eines Fehlers wegen
entsagt man keinem Manne. Nein; aber ein Streich ist
mir beygefallen, ihn wegen dieses Stolzes mit ähnlichem
Stolze ein wenig zu martern.

Francisca. Nun da müssen Sie ja recht sehr ruhig
seyn, mein Fräulein, wenn Ihnen schon wieder Streiche
beyfallen.

Das Fräulein. Ich bin es auch; komm nur. Du
wirst deine Rolle dabey zu spielen haben. (Sie gehen herein.)

Ende des dritten Aufzuges.

Vierter Aufzug.

Erster Auftritt.

Die Scene das Zimmer des Fräuleins.

Das Fräulein völlig, und reich aber mit Geschmack gekleidet. Francisca Sie stehen vom Tische auf, den ein Bedienter abräumt.

Francisca. Sie können unmöglich satt seyn, gnädiges Fräulein.

Das Fräulein. Meynst du, Francisca? Vielleicht, daß ich mich nicht hungrig niedersetzte.

Francisca. Wir hatten ausgemacht, seiner während der Mahlzeit nicht zu erwähnen. Aber wir hätten uns auch vornehmen sollen, an ihn nicht zu denken.

Das Fräulein. Wirklich, ich habe an nichts als an ihn gedacht.

Francisca. Das merkt ich wohl. Ich fing von hundert Dingen an zu sprechen und Sie antworteten mir auf jedes verkehrt. *(Ein anderer Bedienter trägt Kaffee auf.)* Hier kömmt eine Nahrung, bey der man eher Grillen machen kann. Der liebe melancholische Kaffee!

Das Fräulein. Grillen? Ich mache keine. Ich denke

bloß der Lection nach, die ich ihm geben will. Haft du mich recht begriffen, Francisca?

Francisca. O ja; am besten aber wär es, er ersparte sie uns.

Das Fräulein. Du wirst sehen, daß ich ihn von Grund aus kenne. Der Mann, der mich ißt mit allen Reichthümern verweigert, wird mich der ganzen Welt streitig machen, sobald er hört, daß ich unglücklich und verlassen bin.

Francisca (sehr ernsthaft). Und so was muß die feinste Eigenliebe unendlich kützeln.

Das Fräulein. Sittenrichterin! Seht doch! vorhin ertappte sie mich auf Eitelkeit; jetzt auf Eigenliebe. — Nun, laß mich nur, liebe Francisca. Du sollst mit deinem Wachtmeister auch machen können, was du willst.

Francisca. Mit meinem Wachtmeister?

Das Fräulein. Ja, wenn du es vollends leugnest, so ist es richtig. — Ich habe ihn noch nicht gesehn; aber aus jedem Worte, das du mir von ihm gesagt hast, prophezeye ich dir deinen Mann.

Zweyter Auftritt.

Riccaut de la Marliniere. Das Fräulein. Francisca.

Riccaut (noch innerhalb der Scene). Est-il permis, Monsieur le Major?

Francisca. Was ist das, will das zu uns? (Gegen die Thür gehend.)

Riccaut. Parbleu! Ik bin unriktig — Mais non — Ik bin nit unriktig — C'est sa chambre —

Francisca. Ganz gewiß, gnädiges Fräulein, glaubt dieser Herr, den Major von Tellheim noch hier zu finden.

Riccaut. Iß so! — Le Major de Tellheim; juste, ma bel enfant, c'est lui que je cherche. Où est-il?

Francisca. Er wohnt nicht mehr hier.

Riccaut. Comment? nok vor vierunswanzik Stund hier logier? Und logier nit mehr hier? Wo logier er denn?

Das Fräulein (die auf ihn zukommt). Mein Herr —

Riccaut. Ah, Madame, — Mademoiselle, — Ihro Gnad verzeih —

Das Fräulein. Mein Herr, Ihre Irrung ist sehr zu vergeben, und Ihre Verwunderung sehr natürlich. Der Herr Major hat die Güte gehabt, mir, als einer Fremden, die nicht unterzukommen wußte, sein Zimmer zu überlassen.

Riccaut. Ah voilà de ses politesses! C'est un très galant-homme que ce Major!

Das Fräulein. Wo er indeß hingezogen, — wahrhaftig, ich muß mich schämen, es nicht zu wissen.

Riccaut. Ihro Gnad nit wiß? C'est dommage; j'en suis faché.

Das Fräulein. Ich hätte mich allerdings danach erkundigen sollen. Freylich werden ihn seine Freunde noch hier suchen.

Riccaut. Ik bin sehr von seine Freund, Ihro Gnad —

6*

Das Fräulein. Francisca, weißt du es nicht?

Francisca. Nein, gnädiges Fräulein.

Riccaut. Ik hätt ihn zu sprek, sehr nothwendik. Ik komm ihm bringen eine nouvelle, davon er sehr fröhlik seyn wird.

Das Fräulein. Ich bedaure um so viel mehr — Doch hoffe ich, vielleicht bald, ihn zu sprechen. Ist es gleichviel, aus wessen Munde er diese gute Nachricht erfährt, so erbiete ich mich, mein Herr —

Riccaut. Ik versteh. — Mademoiselle parle françois? Mais, sans doute; telle que je la vois! — La demande était bien impolie; Vous me pardonnerés, Mademoiselle —

Das Fräulein. Mein Herr —

Riccaut. Nit? Sie sprek nit französisch, Ihro Gnad?

Das Fräulein. Mein Herr, in Frankreich würde ich es zu sprechen suchen. Aber warum hier? Ich höre ja, daß Sie mich verstehen, mein Herr. Und ich, mein Herr, werde Sie gewiß auch verstehen; sprechen Sie, wie es Ihnen beliebt.

Riccaut. Gutt, gutt! Ich kann auk mik auf Deutsch explicier. — Sachés donc, Mademoiselle — Ihro Gnad soll also wiß, daß ik komm von die Tafel bey der Minister — Minister von — Minister von — wie heiß der Minister da draus? — in der lange Straß? — auf die breite Platz? —

Das Fräulein. Ich bin hier noch völlig unbekannt.

Riccaut. Nun, die Minister von der Kriegsdepartement. — Da haben ik zu Mittag gespeisen; — ik speisen

4.Aufzug 2.Auftritt.

8

Ad. Neumann sculp.

à l'ordinaire bey ihm, — und da iß man gekommen reden auf der Major Tellheim; et le Ministre m'a dit en confidence, car son Excellence est de mes amis, et il n'y a point de mystéres entre nous — Se. Excellenz, will it fag, haben mir vertrau, daß die Sak von unserm Major fey auf den Point zu enden, und gutt zu enden. Er habe gemacht ein Rapport an den König, und der König habe darauf resolvir, tout-à-fait en faveur du Major. — Monsieur, m'a dit Son Excellence, vous comprenés bien, que tout dépend de la manière, dont on fait envisager les choses au Roi, et vous me connoissés. Cela fait un très-joli garçon que ce Tellheim, et ne sais-je pas que vous l'àimés? Les amis de mes amis sont aussi les miens. Il soute un peu cher au Roi ce Tellheim mais est-ce que l'on sert les Rois pour rien? Il faut s'entre-aider en ce monde-là; et quand il s'agit de pertes, que ce soit le Roi, qui en fasse, et non pas un honnêt-homme de nous autres. Voilà le principe, dont je ne me dépars jamais. — Was fag Ihro Gnad hierzu? Nit wahr, daß iß ein brav Mann? Ah que Son Excellence a le cœur bien placé! Er hat mir au reste verfifer, wenn der Major nit schon bekommen habe une Lettre de la main — eine Königlifen Handbrief, — daß er heut infailliblement müsse bekommen einen.

Das Fräulein. Gewiß, mein Herr, diese Nachricht wird dem Major von Tellheim höchst angenehm seyn. Ich wünschte nur, ihm den Freund zugleich mit Namen nennen zu können, der so viel Antheil an seinem Glücke nimmt —

Riccaut. Mein Namen wünscht Ihro Gnab? —
Vous voyés en moi — Ihro Gnab seh in mik le Chevalier Riccaut de la Marliniere, Seigneur de Pret-auval, de la Branche de Prensd'or. — Ihro Gnab steh verwundert, mik auß so ein groß, groß Familie zu hören, qui est véritablement du sang Royal. — Il faut le dire; je suis sans doute le Cadet le plus aventureux, que la maison a jamais eu — Ik bien vor meiner elfte Jahr. Ein Affaire d'honneur makte mik fliehen. Darauf haben ik gebienet Sr. Päbstliken Eilikheit, der Republik St. Marino, der Kron Polen, und den Staaten-General, biß ik endlik bin worden gezogen hierher. Ah, Mademoiselle, que je voudrais n'avoir jamais vu ce pays-là! Hätte man mik gelaß im Dienst von den Staaten-General, so müßt ik nun seyn aufs wenikst Oberst. Aber so hier immer und ewik Capitaine geblieben, und nun gar seyn ein abgedankt Capitaine —

Das Fräulein. Das ist viel Unglück.

Riccaut. Oui, Mademoiselle, me voilà reformé, et par la mis sur le pavé!

Das Fräulein. Ich beklage sehr.

Riccaut. Vous êtes bien bonne, Mademoiselle. — Nein, man kenn sik hier nit auf den Verdienst. Einen Mann, wie mik, zu reformir! Einen Mann, der sik nock dazu in' diesem Dienst hat rouinir — Ik haben dabey zugesetzt, mehr als zwanzik tausend Livres. Was hab ik nun? Tranchons le mot; je n'ai pas le sou, et me voilà exactement vis-à-vis du rien. —

Das Fräulein. Es thut mir ungemein leid.

Riccaut. Vous êtes bien bonne, Mademoiselle. Aber wie man pfleg zu sagen: ein jeder Unglück schlepp nak 'it seine Bruder; qu'un malheur ne vient jamais seul: so mit mir arrivir. Was ein Honnêt-homme von mein Extraction kann anders haben für Resource, als das Spiel? Nun hab ik immer gespielen mit Glück, so lang ik hatte nit von nöthen der Glück. Nun ik ihr hätte von nöthen, Mademoiselle, je joue avec un guignon, qui surpasse toute croyance. Seit funffehn Tag iß vergangen keine, wo sie mik nit hab gesprenkt. Not gestern hab sie mik gesprenkt dreymal. Je sais bien, qu'il y avait quelque chose de plus que le jeu. Car parmi mes pointeurs se trouvoient certaines dames — Ik will niks weiter sag Man muß seyn galant gegen die Damen. Sie haben auk mik heut invitir, mir zu geben revanche; mais — Vous m'entendés, Mademoiselle — Man muß erst wiß, wovon leben, ehe man haben kann, wovon zu spielen —

Das Fräulein. Ich will nicht hoffen, mein Herr —

Riccaut. Vous êtes bien bonne, Mademoiselle ·

Das Fräulein (nimmt Francisca bey Seite). Francisca, der Mann dauert mich im Ernste. Ob er mir es wohl übel nehmen würde, wenn ich ihm etwas anböthe?

Francisca. Der sieht mir nicht darnach aus.

Das Fräulein. Gut! — Mein Herr, ich höre, — daß Sie spielen; daß Sie Bank machen; ohne Zweifel an

Orten, wo etwas zu gewinnen ist. Ich muß Ihnen bekennen, daß ich — gleichfalls das Spiel sehr liebe, —

Riccaut. Tant mieux, Mademoiselle, tant mieux! Tout les gens d'esprit aiment le jeu à la fureur.

Das Fräulein. — Daß ich sehr gerne gewinne; sehr gern mein Geld mit einem Manne wage, der — zu spielen weiß. — Wären Sie wohl geneigt, mein Herr, mich in Gesellschaft zu nehmen? mir einen Antheil an Ihrer Bank zu gönnen?

Riccaut. Comment, Mademoiselle, Vous voulés être de moitié avec moi? De tout mon cœur.

Das Fräulein. Vors erste nur mit einer Kleinigkeit.
— (Geht und langt Geld aus ihrer Chatulle.)

Riccaut. Ah, Mademoiselle, que Vous êtes charmante! —

Das Fräulein. Hier habe ich, was ich ohnlängst gewonnen; nur zehn Pistolen — Ich muß mich zwar schämen, so wenig —

Riccaut. Donnés toujours, Mademoiselle, donnés. (Nimmt es.)

Das Fräulein. Ohne Zweifel, daß Ihre Bank, mein Herr, sehr ansehnlich ist —

Riccaut. Ja wohl sehr ansehnlik. Sehn Pistol? Ihr Gnad soll seyn dafür interessir bey meiner Bank auf ein Dreytheil, pour le tiers. Swar auf ein Dreytheil sollen seyn — etwas mehr. Dot mit einer schöne Damen muß man es nehmen nit so genau. It gratulir mik, zu kommen dadurch in liaison mit Ihro Gnad, et de ce moment je recommence à bien augurer de ma fortune.

Das Fräulein. Ich kann aber nicht dabey seyn, wenn Sie spielen, mein Herr.

Riccaut. Was brauck Ihro Gnad dabey su seyn? Wir andern Spieler sind ehrlike Leut unter einander.

Das Fräulein. Wenn wir glücklich sind, mein Herr, so werden Sie mir meinen Antheil schon bringen. Sind wir aber unglücklich —

Riccaut. So komm ick hohlen Recruten. Nit wahr, Ihro Gnad?

Das Fräulein. Auf die Länge dürften die Recruten fehlen. Vertheidigen Sie unser Geld daher ja wohl, mein Herr.

Riccaut. Wofür seh mik Ihro Gnad an? Für ein Einfaltspinse? für eine dummer Teuf?

Das Fräulein. Verzeihen Sie mir —

Riccaut. Je suis des Bons, Mademoiselle. Savés-vous ce que cela veut dire? Ik bin von die Ausgelernt —

Das Fräulein. Aber doch wohl, mein Herr —

Riccaut. Je sais monter un coup —

Das Fräulein (verwundernd). Sollten Sie? —

Riccaut. Je file la carte avec une adresse —

Das Fräulein. Nimmermehr!

Riccaut. Je fais sauter la coupe avec une dextérité —

Das Fräulein. Sie werden doch nicht, mein Herr? —

Riccaut. Was nit? Ihro Gnad, was nit? Donnés-moi un pigeonneau à plumer, et —

Das Fräulein. Falsch spielen? betrügen?

Riccaut. Comment, Mademoiselle? Vous appellés cela betrügen? Corriger la fortune, l'enchainer sous ses doigts, etre sur de son fait, das nenn die Deutsch betrügen? Betrügen! O, was ist die deutsch Sprak für ein arm Sprak! für ein plump Sprak!

Das Fräulein. Nein, mein Herr, wenn Sie so denken —

Riccaut. Laissés-moi faire, Mademoiselle, und seyn Sie ruhik! Was gehen Sie an, wie ik spiel? — Gnug, morgen entweder sehn mik wieder Ihro Gnad mit hundert Pistol, oder seh mik wieder gar nit — Votre très-humble, Mademoiselle, votre très-humble — (Eilends ab.)

Das Fräulein (die ihm mit Erstaunen und Verdruß nachsieht). Ich wünsche das letzte, mein Herr, das letzte!

Dritter Auftritt.

Das Fräulein. Francisca.

Francisca (erbittert). Kann ich noch reden? O schön! o schön!

Das Fräulein. Spotte nur; ich verdiene es. (Nach einem kleinen Nachdenken und gelassener.) Spotte nicht, Francisca; ich verdiene es nicht.

Francisca. Vortrefflich! da haben Sie etwas allerliebstes gethan; einem Spitzbuben wieder auf die Beine geholfen.

Das Fräulein. Es war einem Unglücklichen zugedacht.

Francisca. Und was das beste dabey ist: der Kerl hält Sie für seinesgleichen -- O ich muß ihm nach, und ihm das Geld wieder abnehmen. (Will fort.)

Das Fräulein. Francisca, laß den Kaffee nicht vollends kalt werden; schenk' ein.

Francisca. Er muß es Ihnen wieder geben; Sie haben sich anders besonnen; Sie wollen mit ihm nicht in Gesellschaft spielen. Zehn Pistolen! Sie hörten ja, Fräulein, daß es ein Bettler war! (Das Fräulein schenkt indeß selbst ein.) Wer wird einem Bettler so viel geben? Und ihm noch dazu die Erniedrigung, es erbettelt zu haben, zu ersparen suchen? Den Mildthätigen, der den Bettler aus Großmuth verkennen will, verkennt der Bettler wieder. Nun mögen Sie es haben, Fräulein, wenn er Ihre Gabe ich weiß nicht wofür ansieht. — (Und reicht der Francisca eine Tasse.) Wollen Sie mir das Blut noch mehr in Wallung bringen? Ich mag nicht trinken. (Das Fräulein setzt sie wieder weg.) „Parbleu Ihro Gnad, man kenn sich hier nit auf den Verdienst" (In dem Tone des Franzosen). Freylich nicht, wenn man die Spitzbuben so ungehangen herumlaufen läßt.

Das Fräulein (kalt und nachdenkend, indem sie trinkt). Mädchen, du verstehst dich so trefflich auf die guten Menschen: aber wann willst du die schlechten ertragen lernen? — Und sie sind doch auch Menschen. — Und öfters bey weitem so schlechte Menschen nicht, als sie scheinen. — Man muß ihre gute Seite nur aufsuchen. — Ich bilde mir ein, dieser Franzose ist nichts als eitel. Aus bloßer Eitelkeit macht er sich zum falschen Spieler; er will mir nicht verbunden scheinen; er will sich den Dank ersparen. Vielleicht, daß er nun hingeht, seine kleine Schulden bezahlt, von dem Reste, so weit er reicht, still und sparsam lebt, und an das Spiel nicht denkt. Wenn das ist, liebe Francisca, so laß ihn Recruten hohlen, wenn er will. — (Giebt ihr die Taffe.) Da, setz weg! — Aber, sage mir, sollte Tellheim nicht schon da seyn?

Francisca. Nein, gnädiges Fräulein; ich kann beides nicht; weder an einem schlechten Menschen die gute, noch an einem guten Menschen die böse Seite aufsuchen.

Das Fräulein. Er kömmt doch ganz gewiß? —

Francisca. Er sollte wegbleiben! — Sie bemerken an ihm, an ihm, dem besten Manne, ein wenig Stolz, und darum wollen Sie ihn so grausam necken?

Das Fräulein. Kömmst du da wieder hin? — Schweig, das will ich nun einmal so. Wo du mir diese Lust verdirbst; wo du nicht alles sagst und thust, wie wir es abgeredet haben! — Ich will dich schon allein mit ihm lassen; und dann — — Jetzt kömmt er wohl.

Vierter Auftritt.

Paul Werner, der in einer steifen Stellung, gleichsam im Dienste, herein-
tritt. **Das Fräulein. Francisca.**

Francisca. Nein, es ist nur sein lieber Wachtmeister.

Das Fräulein. Lieber Wachtmeister? Auf wen bezieht sich dieses Lieber?

Francisca. Gnädiges Fräulein, machen Sie mir den
Mann nicht verwirrt. — Ihre Dienerin, Herr Wachtmeister;
was bringen Sie uns?

Werner (geht, ohne auf die Francisca zu achten, an das Fräulein).
Der Major von Tellheim läßt an das gnädige Fräulein
von Barnhelm durch mich, den Wachtmeister Werner, seinen unterthänigen Respekt vermelden, und sagen, daß er
sogleich hier seyn werde.

Das Fräulein. Wo bleibt er denn?

Werner. Ihro Gnaden werden verzeihen; wir sind
noch vor dem Schlage drey aus dem Quartier gegangen;
aber da hat ihn der Kriegszahlmeister unterwegens an-
geredt; und weil mit dergleichen Herrn des Redens immer
kein Ende ist, so gab er mir einen Wink, dem gnädigen
Fräulein den Vorfall zu rapportiren.

Das Fräulein. Recht wohl, Herr Wachtmeister. Ich
wünsche nur, daß der Kriegszahlmeister dem Major etwas
angenehmes möge zu sagen haben.

Werner. Das haben dergleichen Herren den Officieren selten. — Haben Ihro Gnaden etwas zu befehlen?
(Im Begriffe wieder zu gehen.)

Francisca. Nun, wo denn schon wieder hin, Herr Wachtmeister? Hätten wir denn nichts mit einander zu plaudern?

Werner (sachte zur Francisca, und ernsthaft). Hier nicht, Frauenzimmerchen. Es ist wider den Respekt, wider die Subordination. — Gnädiges Fräulein —

Das Fräulein. Ich danke für Seine Bemühung, Herr Wachtmeister. — Es ist mir lieb gewesen, Ihn kennen zu lernen. Francisca hat mir viel Gutes von Ihm gesagt. (Werner macht eine steife Verbeugung, und geht ab.)

Fünfter Auftritt.

Das Fräulein. Francisca.

Das Fräulein. Das ist dein Wachtmeister, Francisca?

Francisca. Wegen des spöttischen Tones habe ich nicht Zeit, dieses Dein nochmals aufzumutzen. — — Ja, gnädiges Fräulein, das ist mein Wachtmeister. Sie finden ihn ohne Zweifel ein wenig steif und hölzern. Jetzt kam er mir fast auch so vor. Aber ich merke wohl, er glaubte vor Ihro Gnaden auf die Parade ziehen zu müssen. Und wenn die Soldaten parabieren, — ja freylich scheinen sie da mehr Drechslerpuppen, als Männer. Sie sollten ihn hingegen nur sehen und hören, wenn er sich selbst gelassen ist.

Das Fräulein. Das müßte ich denn wohl.

Francisca. Er wird noch auf dem Saale seyn. Darf ich nicht gehen und ein wenig mit ihm plaudern?

Das Fräulein. Ich versage dir ungern dieses Vergnügen. Du mußt hier bleiben, Francisca. Du mußt bey unserer Unterredung gegenwärtig seyn. — Es fällt mir noch etwas bey. (Sie zieht ihren Ring vom Finger.) Da, nimm meinen Ring, verwahre ihn, und gieb mir des Majors seinen dafür.

Francisca. Warum das?

Das Fräulein (indem Francisca den andern Ring hohlt). Recht weiß ich es selbst nicht; aber mich dünkt, ich sehe so etwas voraus, wo ich ihn brauchen könnte. — Man pocht. — Geschwind gieb her! (Sie steckt ihn an.) Er ists!

***

Sechster Auftritt.

v. Tellheim in dem nehmlichen Kleide, aber sonst so, wie es Francisca verlangt. Das Fräulein. Francisca.

v. Tellheim. Gnädiges Fräulein, Sie werden mein Verweilen entschuldigen —

Das Fräulein. O, Herr Major, so gar militairisch wollen wir es mit einander nicht nehmen. Sie sind ja da! Und ein Vergnügen erwarten, ist auch ein Vergnügen. — Nun? (indem sie ihm lächelnd ins Gesicht sieht). Lieber Tellheim, waren wir nicht vorhin Kinder?

v. Tellheim. Ja wohl Kinder, gnädiges Fräulein; die sich sperren, wo sie gelassen folgen sollten.

Das Fräulein. Wir wollen ausfahren, lieber Major, — die Stadt ein wenig zu besehen, — und hernach meinem Oheim entgegen.

v. Tellheim. Wie?

Das Fräulein. Sehen Sie; auch das Wichtigste haben wir einander noch nicht sagen können. Ja, er trifft noch heut hier ein. Ein Zufall ist Schuld, daß ich, einen Tag früher, ohne ihn angekommen bin.

v. Tellheim. Der Graf von Bruchsall? Ist er zurück?

Das Fräulein. Die Unruhen des Krieges verscheuchten ihn nach Italien; der Friede hat ihn wieder zurückgebracht. — Machen Sie sich keine Gedanken, Tellheim. Besorgten wir schon ehemals das stärkste Hinderniß unserer Verbindung von seiner Seite —

v. Tellheim. Unserer Verbindung?

Das Fräulein. Er ist Ihr Freund. Er hat von zu vielen zu viel Gutes von Ihnen gehört, um es nicht zu seyn. Er brennt, den Mann von Antlitz zu kennen, den seine einzige Erbin gewählt hat. Er kömmt als Oheim, als Vormund, als Vater, mich Ihnen zu übergeben.

v. Tellheim. Ah, Fräulein, warum haben Sie meinen Brief nicht gelesen? Warum haben Sie ihn nicht lesen wollen?

Das Fräulein. Ihren Brief? Ja, ich erinnere mich, Sie schickten mir einen. Wie war es denn mit diesem Briefe, Francisca? Haben wir ihn gelesen, oder haben wir ihn nicht gelesen? Was schrieben Sie mir denn, lieber Tellheim? —

v. Tellheim. Nichts, als was mir die Ehre befiehlt.

Das Fräulein. Das ist, ein ehrliches Mädchen, die Sie liebt, nicht sitzen zu lassen. Freylich befiehlt das die Ehre. Gewiß, ich hätte den Brief lesen sollen. Aber was ich nicht gelesen habe, das höre ich ja.

v. Tellheim. Ja, Sie sollen es hören —

Das Fräulein. Nein, ich brauch es auch nicht einmal zu hören. Es versteht sich von selbst. Sie könnten eines so häßlichen Streiches fähig seyn, daß Sie mich nun nicht wollten? Wissen Sie, daß ich auf Zeit meines Lebens beschimpft wäre? Meine Landsmänninnen würden mit Fingern auf mich weisen. — „Das ist sie,“ würde es heißen, „das ist das Fräulein von Barnhelm, die sich einbildete, weil sie reich sey, den wackern Tellheim zu bekommen: als ob die wackern Männer für Geld zu haben wären!“ — So würde es heißen; denn meine Landsmänninnen sind alle neidisch auf mich. Daß ich reich bin, können sie nicht läugnen; aber davon wollen sie nichts wissen, daß ich auch sonst noch ein ziemlich gutes Mädchen bin, das seines Mannes werth ist. Nicht wahr, Tellheim?

v. Tellheim. Ja, ja, gnädiges Fräulein, daran erkenne ich Ihre Landsmänninnen. Sie werden Ihnen einen abgedankten, an seiner Ehre gekränkten Officier, einen Krüppel, einen Bettler, trefflich beneiden.

Das Fräulein. Und das alles wären Sie? Ich hörte so was, wenn ich mich nicht irre, schon heute Vormittag. Da ist Böses und Gutes unter einander. Lassen Sie uns doch jedes näher beleuchten. — Verabschiedet sind Sie? So höre ich. Ich glaubte, Ihr Regiment sey bloß untergesteckt worden. Wie ist es gekommen, daß man einen Mann von Ihren Verdiensten nicht beybehalten?

v. Tellheim. Es ist gekommen, wie es kommen müssen. Die Großen haben sich überzeugt, daß ein Soldat aus Neigung für sie ganz wenig, aus Pflicht nicht viel mehr, aber alles seiner eigenen Ehre wegen thut. Was können sie ihm also schuldig zu seyn glauben? Der Friede hat ihnen mehrere meines gleichen entbehrlich gemacht; und am Ende ist ihnen niemand unentbehrlich.

Das Fräulein. Sie sprechen, wie ein Mann sprechen muß, dem die Großen hinwiederum sehr entbehrlich sind. Und niemals waren sie es mehr, als itzt. Ich sage den Großen meinen großen Dank, daß sie ihre Ansprüche auf einen Mann haben fahren lassen, den ich doch nur sehr ungern mit ihnen getheilt hätte. — Ich bin Ihre Gebietherinn, Tellheim; Sie brauchen weiter keinen Herrn. — Sie verabschiedet zu finden, das Glück hätte ich mir kaum träumen lassen! — Doch Sie sind nicht bloß verabschiedet; Sie sind noch mehr. Was sind Sie noch mehr? Ein Krüppel: sagten Sie? Nun, (indem sie ihn von oben bis unten betrachtet) der Krüppel ist doch noch ziemlich ganz und gerade; scheint doch noch ziemlich gesund und stark. — Lieber Tellheim, wenn Sie auf den Verlust Ihrer gesunden Gliedmaßen betteln zu gehen denken: so prophezeye ich Ihnen voraus, daß Sie vor den wenigsten Thüren etwas bekommen werden; ausgenommen vor den Thüren der gutherzigen Mädchen, wie ich.

v. Tellheim. Jetzt höre ich nur das muthwillige Mädchen, liebe Minna.

Das Fräulein. Und ich höre in Ihrem Verweise nur das Liebe Minna. — Ich will nicht mehr muthwillig seyn. Denn ich besinne mich, daß Sie allerdings ein kleiner Krüppel sind. Ein Schuß hat Ihnen den rechten Arm ein wenig gelähmt. — Doch alles wohl überlegt: so ist auch das so schlimm nicht. Um so viel sicherer bin ich vor Ihren Schlägen.

v. Tellheim. Fräulein!

Das Fräulein. Sie wollen sagen: aber Sie um so viel weniger vor meinen. Nun, nun, lieber Tellheim, ich hoffe, Sie werden es nicht dazu kommen lassen.

v. Tellheim. Sie wollen lachen, mein Fräulein. Ich beklage nur, daß ich nicht mitlachen kann.

Das Fräulein. Warum nicht? Was haben Sie denn gegen das Lachen? Kann man denn auch nicht lachend sehr ernsthaft seyn? Lieber Major, das Lachen erhält uns vernünftiger, als der Verdruß. Der Beweis liegt vor uns. Ihre lachende Freundin beurtheilt Ihre Umstände weit richtiger, als Sie selbst. Weil Sie verabschiedet sind, nennen Sie sich an ihrer Ehre gekränkt: weil Sie einen Schuß in dem Arme haben, machen Sie sich zu einem Krüppel. Ist das so recht? Ist das keine Uebertreibung? Und ist es meine Einrichtung, daß alle Uebertreibungen des Lächerlichen so fähig sind? Ich wette, wenn ich Ihren Bettler nun vernehme, daß auch dieser eben so wenig Stich halten wird. Sie werden einmal, zweymal, dreymal Ihre Equipage

verloren haben; bey dem oder jenem Banquier werden
einige Capitale itzt mit schwinden; Sie werden diesen und
jenen Vorschuß, den Sie im Dienste gethan, keine Hoff-
nung haben wiederzuerhalten: aber sind Sie darum ein
Bettler? Wenn Ihnen auch nichts übrig geblieben ist, als
was mein Oheim für Sie mitbringt —

v. Tellheim. Ihr Oheim, gnädiges Fräulein, wird
für mich nichts mitbringen.

Das Fräulein. Nichts als die zweytausend Pistolen,
die Sie unsern Ständen so großmüthig vorschossen.

v. Tellheim. Hätten Sie doch nur meinen Brief gelesen, gnädiges Fräulein!

Das Fräulein. Nun ja, ich habe ihn gelesen. Aber
was ich über diesen Punkt darin gelesen, ist mir ein wah-
res Räthsel. Unmöglich kann man Ihnen aus einer edlen
Handlung ein Verbrechen machen wollen. — Erklären Sie
mir doch, lieber Major —

v. Tellheim. Sie erinnern sich, gnädiges Fräulein,
daß ich Ordre hatte, in den Aemtern Ihrer Gegend die
Kontribution mit der äußersten Strenge baar beyzutreiben.
Ich wollte mir diese Strenge ersparen, und schoß die feh-
lende Summe selbst vor. —

Das Fräulein. Ja wohl erinnere ich mich. — Ich
liebte Sie um dieser That willen, ohne Sie noch gesehen
zu haben.

v. Tellheim. Die Stände gaben mir ihren Wechsel,
und diesen wollte ich, bey Zeichnung des Friedens, unter
die zu ratihabirenden Schulden eintragen lassen. Der Wech-

sel ward für gültig erkannt, aber mir ward das Eigen-
thum desselben streitig gemacht. Man zog spöttisch das
Maul, als ich versicherte, die Valute baar hergegeben zu
haben. Man erklärte ihn für eine Bestechung, für das
Gratial der Stände, weil ich so bald mit ihnen auf die
niedrigste Summe einig geworden war, mit der ich mich
nur im äußersten Nothfall zu begnügen, Vollmacht hatte.
So kam der Wechsel aus meinen Händen, und wenn er
bezahlt wird, wird er sicherlich nicht an mich bezahlt. —
Hierdurch, mein Fräulein, halte ich meine Ehre für gekränkt; nicht durch den Abschied, den ich gefordert haben
würde, wenn ich ihn nicht bekommen hätte. — Sie sind
ernsthaft, mein Fräulein? Warum lachen Sie nicht? Ha,
ha, ha! Ich lache ja.

Das Fräulein. O, ersticken Sie dieses Lachen, Tellheim! Ich beschwöre Sie! Es ist das schreckliche Lachen
des Menschenhasses! Nein, Sie sind der Mann nicht, den
eine gute That reuen kann, weil sie üble Folgen für ihn
hat. Nein, unmöglich können diese üble Folgen dauern!
Die Wahrheit muß an den Tag kommen. Das Zeugniß
meines Oheims, aller unsrer Stände —

v. Tellheim. Ihres Oheims! Ihrer Stände! Ha,
ha, ha!

Das Fräulein. Ihr Lachen tödtet mich, Tellheim!
Wenn Sie an Tugend und Vorsicht glauben, Tellheim, so
lachen Sie so nicht! Ich habe nie fürchterlicher fluchen
hören, als Sie lachen. — Und lassen Sie uns das
Schlimmste setzen! Wenn man Sie hier durchaus verkennen

will: so kann man Sie bey uns nicht verkennen. Nein,
wir können, wir werden Sie nicht verkennen, Tellheim.
Und wenn unsere Stände die geringste Empfindung von
Ehre haben, so weiß ich was sie thun müssen. Doch ich bin
nicht klug: was wäre das nöthig? — Bilden Sie sich ein,
Tellheim, Sie hätten die zweytausend Pistolen an einem
wilden Abende verloren. Der König war eine unglückliche
Karte für Sie: die Dame (auf sich weisend) wird Ihnen desto
günstiger seyn. — Die Vorsicht, glauben Sie mir, hält
den ehrlichen Mann immer schadlos; und öfters schon im
voraus. Die That, die Sie einmal um zweytausend
Pistolen bringen sollte, erwarb mich Ihnen. Ohne diese
That würde ich nie begierig gewesen seyn, Sie kennen zu
lernen. Sie wissen, ich kam uneingeladen in die erste
Gesellschaft, wo ich Sie zu finden glaubte. Ich kam bloß
Ihrentwegen. Ich kam in dem festen Vorsatze, Sie zu
lieben, — ich liebte Sie schon! — in dem festen Vorsatze,
Sie zu besitzen, wenn ich Sie auch so schwarz und häßlich
finden sollte, als den Mohr von Venedig. Sie sind so
schwarz und häßlich nicht; auch so eifersüchtig werden Sie
nicht seyn. Aber, Tellheim, Tellheim, Sie haben doch
noch viel ähnliches mit ihm! O, über die wilden, unbieg=
samen Männer, die nur immer ihr stieres Auge auf das
Gespenst der Ehre heften! für alles andere Gefühl sich ver=
härten! — Hierher Ihr Auge! auf mich, — Tellheim! (der
indeß, vertieft und unbeweglich, mit starren Augen immer auf eine Stelle
gesehen.) Woran denken Sie? Sie hören mich nicht?

    v. Tellheim (zerstreut). O ja! Aber sagen Sie mir

doch, mein Fräulein: wie kam der Mohr in venetianische Dienste? Hatte der Mohr kein Vaterland? Warum vermiethete er seinen Arm und sein Blut einem fremden Staate? —

Das Fräulein (erschrocken). Wo sind Sie, Tellheim? — Nun ist es Zeit, daß wir abbrechen. — Kommen Sie! (indem sie ihn bey der Hand ergreift.) — Francisca, laß den Wagen vorfahren.

v. Tellheim (der sich von dem Fräulein losreißt und der Francisca nachgeht). Nein, Francisca; ich kann nicht die Ehre haben, das Fräulein zu begleiten. — Mein Fräulein, lassen Sie mir noch heute meinen gesunden Verstand, und beurlauben Sie mich. Sie sind auf dem besten Wege, mich darum zu bringen. Ich stemme mich, so viel ich kann. — Aber weil ich noch bey Verstande bin: so hören Sie, mein Fräulein, was ich fest beschlossen habe; wovon mich nichts in der Welt abbringen soll. — Wenn nicht noch ein glücklicher Wurf für mich im Spiele ist, wenn sich das Blatt nicht völlig wendet, wenn —

Das Fräulein. Ich muß Ihnen ins Wort fallen, Herr Major. — Das hätten wir ihm gleich sagen sollen, Francisca. Du erinnerst mich auch an gar nichts. — Unser Gespräch würde ganz anders gefallen seyn, Tellheim, wenn ich mit der guten Nachricht angefangen hätte, die Ihnen der Chevalier de la Marliniere nur eben zu bringen kam.

v. Tellheim. Der Chevalier de la Marliniere? Wer ist das?

Francisca. Es mag ein ganz guter Mann seyn, Herr Major, bis auf —

Das Fräulein. Schweig, Francisca! — Gleichfalls ein verabschiedeter Officier, der aus holländischen Diensten —

v. Tellheim. Ha! der Lieutenant Riccaut!

Das Fräulein. Er versicherte, daß er Ihr Freund sey.

v. Tellheim. Ich versichere, daß ich seiner nicht bin.

Das Fräulein. Und daß ihm, ich weiß nicht welcher Minister vertraut habe, Ihre Sache sey dem glücklichsten Ausgange nahe. Es müsse ein Königliches Handschreiben an Sie unterwegens seyn. —

v. Tellheim. Wie kämen Riccaut und ein Minister zusammen? — Etwas zwar muß in meiner Sache geschehen seyn. Denn nur itzt erklärte mir der Kriegszahlmeister, daß der König alles niedergeschlagen habe, was wider mich urgiret worden; und daß ich mein schriftlich gegebenes Ehrenwort, nicht eher von hier zu gehen, als bis man mich völlig entladen habe, wieder zurücknehmen könne. — Das wird es aber auch alles seyn. Man wird mich wollen laufen lassen. Allein man irrt sich; ich werde nicht laufen. Eher soll mich hier das äußerste Elend vor den Augen meiner Verleumder verzehren —

Das Fräulein. Hartnäckiger Mann!

v. Tellheim. Ich brauche keine Gnade; ich will Gerechtigkeit. Meine Ehre —

Das Fräulein. Die Ehre eines Mannes, wie Sie —

v. **Tellheim** (hitzig). Nein, mein Fräulein, Sie werden von allen Dingen recht gut urtheilen können, nur hierüber nicht. Die Ehre ist nicht die Stimme unseres Gewissens, nicht das Zeugniß weniger Rechtschaffnen — —

Das Fräulein. Nein, nein, ich weiß wohl. — Die Ehre ist — die Ehre.

v. **Tellheim.** Kurz, mein Fräulein — Sie haben mich nicht ausreden lassen. — Ich wollte sagen: wenn man mir das Meinige so schimpflich vorenthält, wenn meiner Ehre nicht die vollkommenste Genugthuung geschieht: so kann ich, mein Fräulein, der Ihrige nicht seyn. Denn ich bin es in den Augen der Welt nicht werth zu seyn. — Das Fräulein von Barnhelm verdient einen unbescholtenen Mann. Es ist eine nichtswürdige Liebe, die kein Bedenken trägt, ihren Gegenstand der Verachtung auszusetzen. Es ist ein nichtswürdiger Mann, der sich nicht schämt, sein ganzes Glück einem Frauenzimmer zu verdanken, dessen blinde Zärtlichkeit —

Das Fräulein. Und das ist Ihr Ernst, Herr Major? — (indem sie ihm plötzlich den Rücken wendet.) Francisca!

v. **Tellheim.** Werden Sie nicht ungehalten, mein Fräulein —

Das Fräulein (bey Seite zur Francisca). Jetzt wäre es Zeit! Was räthst du mir, Francisca? —

Francisca. Ich rathe nichts. Aber freylich macht er es Ihnen ein wenig zu bunt —

v. **Tellheim** (der sie zu unterbrechen kommt). Sie sind ungehalten, mein Fräulein —

Das Fräulein (höhnisch). Ich? im geringsten nicht.

v. Tellheim. Wenn ich Sie weniger liebte, mein Fräulein —

Das Fräulein (noch in diesem Tone). O gewiß, es wäre mein Unglück! — Und sehen Sie, Herr Major, ich will Ihr Unglück auch nicht. — Man muß ganz uneigennützig lieben. — Eben so gut, daß ich nicht offenherziger gewesen bin! Vielleicht würde mir Ihr Mitleid gewährt haben, was mir Ihre Liebe versagt. — (indem sie den Ring langsam vom Finger zieht.)

v. Tellheim. Was meinen Sie damit, Fräulein?

Das Fräulein. Nein, keines muß das andere, weder glücklicher noch unglücklicher machen. So will es die wahre Liebe! Ich glaube Ihnen, Herr Major; und Sie haben zu viel Ehre, als daß Sie die Liebe verkennen sollten.

v. Tellheim. Spotten Sie, mein Fräulein?

Das Fräulein. Hier! Nehmen Sie den Ring wieder zurück, mit dem Sie mir Ihre Treue verpflichtet. (überreicht ihm den Ring.) Es sey drum: Wir wollen einander nicht gekannt haben.

v. Tellheim. Was höre ich?

Das Fräulein. Und das befremdet Sie? — Nehmen Sie, mein Herr! — Sie haben sich doch wohl nicht bloß geziert?

v. Tellheim (indem er den Ring aus ihrer Hand nimmt). Gott! so kann Minna sprechen! —

Das Fräulein. Sie können der Meinige in Einem

Falle nicht seyn: ich kann die Ihrige in keinem seyn. Ihr Unglück ist wahrscheinlich; meines ist gewiß. Leben Sie wohl! (Will fort.)

v. Tellheim. Wohin, liebste Minna? —

Das Fräulein. Mein Herr, Sie beschimpfen mich izt mit dieser vertraulichen Benennung.

v. Tellheim. Was ist Ihnen, mein Fräulein? Wohin?

Das Fräulein. Lassen Sie mich. — Meine Thränen vor Ihnen zu verbergen, Verräther!

(Geht ab.)

Siebender Auftritt.

v. Tellheim. Francisca.

v. Tellheim. Ihre Thränen? Und ich sollte sie lassen? (will ihr nach.)

Francisca (die ihn zurückhält). Nicht doch, Herr Major! Sie werden ihr ja nicht in ihr Schlafzimmer folgen wollen?

v. Tellheim. Ihr Unglück? Sprach sie nicht von Unglück?

Francisca. Nun freylich; das Unglück, Sie zu verlieren, nachdem —

v. Tellheim. Nachdem? was nachdem? Hier hinter steckt mehr. Was ist es, Francisca? Rede, sprich —

Francisca. Nachdem sie, wollte ich sagen, — Ihnen so vieles aufgeopfert.

v. Tellheim. Mir aufgeopfert?

Francisca. Hören Sie nur kurz. — Es ist — für
Sie recht gut, Herr Major, daß Sie auf diese Art von
ihr losgekommen sind. — Warum soll ich es Ihnen nicht
sagen? Es kann doch länger kein Geheimniß bleiben. —.
Wir sind entflohen. — Der Graf von Bruchsall hat sie
enterbt, weil sie keinen Mann von seiner Hand annehmen
wollte. Alles verließ, alles verachtete sie hierauf. Was
sollten wir thun? Wir entschloßen uns denjenigen aufzu-
suchen, dem wir —

v. Tellheim. Ich habe genug. — Komm, ich muß
mich zu Ihren Füßen werfen.

Francisca. Was denken Sie? Gehen Sie vielmehr,
und danken Sie Ihrem guten Geschicke —

v. Tellheim. Elende! für wen hältst du mich? —
Nein, liebe Francisca, der Rath kam nicht aus deinem
Herzen. Vergieb meinem Unwillen!

Francisca. Halten Sie mich nicht länger auf. Ich
muß sehen, was sie macht. Wie leicht könnte ihr etwas
zugestoßen seyn — Gehen Sie! Kommen Sie lieber wieder, wenn Sie wieder kommen wollen.

(Geht dem Fräulein nach.)

Achter Auftritt.

v. Tellheim.

Aber Francisca! — O, ich erwarte euch hier! — Nein, das ist dringender! — Wenn sie Ernst sieht, kann mir ihre Vergebung nicht entstehen. — Nun brauch' ich dich, ehrlicher Werner! — Nein, Minna, ich bin kein Verräther! (Geht ab.)

Ende des vierten Aufzuges.

Fünfter Aufzug.

— —

Erster Auftritt.

Die Scene der Saal.

v. Tellheim von der einen und Werner von der andern Seite.

v. Tellheim. Ha, Werner! ich suche dich überall. Wo steckst du?

Werner. Und ich habe Sie gesucht, Herr Major; so geht's mit dem Suchen. — Ich bringe Ihnen gar eine gute Nachricht.

v. Tellheim. Ah, ich brauche itzt nicht deine Nachrichten; ich brauche dein Geld. Geschwind, Werner, gieb mir so viel du hast; und dann suche so viel aufzubringen, als du kannst.

Werner. Herr Major? — Nun, bey meiner armen Seele, habe ich's doch gesagt: er wird Geld von mir borgen, wenn er selber welches zu verleihen hat.

v. Tellheim Du suchst doch nicht Ausflüchte?

Werner. Damit ich ihm nichts vorzuwerfen habe, so

nimmt er mirs mit der Rechten, und giebt mirs mit der Linken wieder.

v. Tellheim. Halte mich nicht auf, Werner! — Ich habe den guten Willen, dir es wieder zu geben; aber wann und wie? — das weiß Gott!

Werner. Sie wissen es also noch nicht, daß die Hofstaatscasse Ordre hat, Ihnen Ihre Gelder zu bezahlen? Eben erfuhr ich es bey —

v. Tellheim. Was plauderst du? Was lässest du dir weiß machen? Begreifst du denn nicht, daß, wenn es wahr wäre, ich es doch wohl am ersten wissen müßte? — Kurz, Werner, Geld! Geld!

Werner. Je nun, mit Freuden! hier ist was! — Das sind die hundert Louisdor, und das die hundert Ducaten. — (Giebt ihm beides.)

v. Tellheim. Die hundert Louisdor, Werner, geh und bringe Justen. Er soll sogleich den Ring wieder einlösen, den er heute früh versetzt hat. — Aber wo wirst du mehr hernehmen, Werner? — Ich brauche weit mehr.

Werner. Dafür lassen Sie mich sorgen. — Der Mann, der mein Gut gekauft hat, wohnt in der Stadt. Der Zahlungstermin wäre zwar erst in vierzehn Tagen; aber das Geld liegt parat, und ein halb Procentchen Abzug —

v. Tellheim. Nun ja, lieber Werner! — Siehst du, daß ich meine einzige Zuflucht zu dir nehme? — Ich muß dir auch alles vertrauen. Das Fräulein hier, — du hast sie gesehen, — ist unglücklich —

Werner. O Jammer!

v. Tellheim. Aber morgen ist sie meine Frau —

Werner. O Freude!

v. Tellheim. Und übermorgen geh ich mit ihr fort. Ich darf fort; ich will fort. Lieber hier alles im Stiche gelassen! Wer weiß, wo mir sonst ein Glück aufgehoben ist. Wenn du willst, Werner, so komm mit. Wir wollen wieder Dienste nehmen.

Werner. Wahrhaftig? — Aber doch wo's Krieg giebt, Herr Major?

v. Tellheim. Wo sonst? — Geh, lieber Werner, wir sprechen davon weiter.

Werner. O Herzensmajor! — Uebermorgen? Warum nicht lieber morgen? — Ich will schon alles zusammen-bringen. — In Persien, Herr Major, giebts einen treff-lichen Krieg; was meinen Sie?

v. Tellheim. Wir wollen das überlegen; geh nur, Werner! —

Werner. Juchhe! es lebe der Prinz Heraklius!

(geht ab.)

Zweyter Auftritt.

v. Tellheim.

Wie ist mir? — Meine ganze Seele hat neue Trieb-federn bekommen. Mein eigenes Unglück schlug mich nieder; machte mich ärgerlich, kurzsichtig, schüchtern, lässig: ihr

Unglück hebt mich empor, ich sehe wieder frey um mich, und fühle mich willig und stark, alles für sie zu unternehmen. — Was verweile ich noch? (Will nach dem Zimmer des Fräuleins, aus dem ihm Francisca entgegen kömmt.)

Dritter Auftritt.

Francisca. v. Tellheim.

Francisca. Sind Sie es doch? — Es war mir, als ob ich Ihre Stimme hörte. — Was wollen Sie, Herr Major?

v. Tellheim. Was ich will? — Was macht dein Fräulein? — Komm' —

Francisca. Sie will den Augenblick ausfahren.

v. Tellheim. Und allein? ohne mich? wohin?

Francisca. Haben Sie vergessen, Herr Major? —

v. Tellheim. Bist du nicht klug, Francisca? — Ich habe sie gereizt, und sie ward empfindlich: ich werde sie um Vergebung bitten, und sie wird mir vergeben.

Francisca. Wie? — Nachdem Sie den Ring zurückgenommen, Herr Major?

v. Tellheim. Ha! — das that ich in der Betäubung — Jetzt denk ich erst wieder an den Ring — wo habe ich ihn denn hingesteckt? — (Er sucht ihn.) Hier ist er.

Francisca. Ist er das? (Indem er ihn wieder einsteckt, bey Seite.) Wenn er ihn doch genauer besehen wollte!

v. **Tellheim.** Sie brang mir ihn auf, mit einer Bitterkeit — Ich habe diese Bitterkeit schon vergessen. Ein volles Herz kann die Worte nicht wägen. — Aber sie wird sich auch keinen Augenblick weigern, den Ring wieder anzunehmen. — Und habe ich nicht noch ihren?

Francisca. Den erwartet sie dafür zurück. — Wo haben Sie ihn denn, Herr Major? Zeigen Sie mir ihn doch.

v. **Tellheim** (etwas verlegen). Ich habe ihn — anzustecken vergessen. — Just — Just wird mir ihn gleich nachbringen.

Francisca. Es ist wohl einer ziemlich wie der andere: lassen Sie mich doch diesen sehen; ich sehe so was gar zu gern.

v. **Tellheim.** Ein andermal, Francisca. Jetzt komm —

Francisca (bey Seite). Er will sich durchaus nicht aus seinem Irrthum bringen lassen.

v. **Tellheim.** Was sagst du? Irrthum?

Francisca. Es ist ein Irrthum, sag ich, wenn Sie meynen, daß das Fräulein doch noch eine gute Partie sey. Ihr eigenes Vermögen ist gar nicht beträchtlich; durch ein wenig eigennützige Rechnungen können es ihr die Vormünder völlig zu Wasser machen. Sie erwartete alles von dem Oheim; aber dieser grausame Oheim —

v. **Tellheim.** Laß ihn doch! — Bin ich nicht Manns genug, ihr einmal alles zu ersetzen? —

Francisca. Hören Sie? Sie klingelt; ich muß herein.

v. Tellheim. Ich gehe mit dir.

Francisca. Um des Himmels willen nicht! Sie hat mir ausdrücklich verboten, mit Ihnen zu sprechen. Kommen Sie wenigstens mir erst nach. — (Geht herein.)

Vierter Auftritt.

v. Tellheim (ihr nachrufend).

Melde mich ihr! — Sprich für mich, Francisca! — Ich folge dir sogleich! — Was werde ich ihr sagen? — Wo das Herz reden darf, braucht es keiner Vorbereitung. — Das einzige möchte eine studirte Wendung bedürfen: ihre Zurückhaltung, ihre Bedenklichkeit, sich als unglücklich in meine Arme zu werfen; ihre Beflissenheit, mir ein Glück vorzuspiegeln, das sie durch mich verloren hat. Dieses Mißtrauen in meine Ehre, in ihren eigenen Werth vor ihr selbst zu entschuldigen, vor ihr selbst — vor mir ist es schon entschuldigt! — Ha! hier kömmt sie. —

Fünfter Auftritt.

Das Fräulein. Francisca. v. Tellheim.

Das Fräulein (im Heraustreten, als ob sie den Major nicht gewahr würde). Der Wagen ist doch vor der Thüre, Francisca? — Meinen Fächer! —

v. Tellheim (auf sie zu). Wohin, mein Fräulein?

Das Fräulein (mit einer affectirten Kälte). Aus, Herr Major. — Ich errathe, warum Sie sich nochmals her be-

müht haben: mir auch meinen Ring wieder zurückzugeben.
— Wohl, Herr Major, haben Sie nur die Güte, ihn der
Francisca einzuhändigen. — Francisca, nimm dem Herrn
Major den Ring ab — Ich habe keine Zeit zu verlieren.
(Will fort.)

v. Tellheim (der ihr vortritt). Mein Fräulein! — Ah,
was habe ich erfahren, mein Fräulein! Ich war so vieler
Liebe nicht werth.

Das Fräulein. So, Francisca? Du hast dem Herrn
Major —

Francisca. Alles entdeckt.

v. Tellheim. Zürnen Sie nicht auf mich, mein
Fräulein. Ich bin kein Verräther. Sie haben um mich in
den Augen der Welt viel verloren, aber nicht in meinen.
In meinen Augen haben Sie unendlich durch diesen Verlust gewonnen. Er war Ihnen noch zu neu; Sie fürchte-
ten, er möchte einen allzu nachtheiligen Eindruck auf mich
machen; Sie wollten mir ihn fürs erste verbergen. Ich
beschwere mich nicht über dieses Mißtrauen. Es entsprang
aus dem Verlangen, mich zu erhalten Dieses Verlangen
ist mein Stolz. Sie fanden mich selbst unglücklich; und
Sie wollten Unglück nicht mit Unglück häufen. Sie konnten nicht vermuthen, wie sehr mich Ihr Unglück über das
meinige hinaussetzen würde.

Das Fräulein. Alles recht gut, Herr Major! Aber
es ist nun einmal geschehen. Ich habe Sie Ihrer Ver-
bindlichkeit erlassen; Sie haben durch **Zurücknehmung des
Ringes** —

v. Tellheim. In nichts gewilligt. — Vielmehr halte ich mich itzt für gebundener, als jemals. — Sie sind die Meinige, Minna, auf ewig die Meinige. (Zieht den Ring heraus.) Hier, empfangen Sie es zum zweytenmale, das Unterpfand meiner Treue —

Das Fräulein. Ich diesen Ring wieder nehmen? diesen Ring?

v. Tellheim. Ja, liebste Minna, ja!

Das Fräulein. Was muthen Sie mir zu? diesen Ring?

v. Tellheim. Diesen Ring nahmen Sie das erstemal aus meiner Hand, als unser beyder Umstände einander gleich, und glücklich waren. Sie sind nicht mehr glücklich, aber wiederum einander gleich. Gleichheit ist immer das festeste Band der Liebe. — Erlauben Sie, liebste Minna — (Ergreift ihre Hand, um ihr den Ring anzustecken.)

Das Fräulein. Wie? mit Gewalt, Herr Major? — Nein, da ist keine Gewalt in der Welt, die mich zwingen soll, diesen Ring wieder anzunehmen. — — Meynen Sie etwa, daß es mir an einem Ringe fehlt? — O, Sie sehen ja wohl (auf ihren Ring zeigend) daß ich hier noch einen habe, der Ihrem nicht das geringste nachgiebt. —

Francisca. Wenn er es noch nicht merkt! —

v. Tellheim (indem er die Hand des Fräuleins fahren läßt). Was ist das? — Ich sehe das Fräulein von Barnhelm, aber ich höre es nicht. — Sie zieren sich, mein Fräulein. — Vergeben Sie, daß ich Ihnen dieses Wort nachbrauche.

Das Fräulein (in ihrem wahrem Tone). Hat Sie dieses Wort beleidiget, Herr Major?

v. Tellheim. Es hat mir weh gethan.

Das Fräulein (gerührt). Das sollte es nicht, Tellheim. — Verzeihen Sie mir, Tellheim.

v. Tellheim. Ha, dieser vertrauliche Ton sagt mir, daß Sie wieder zu sich kommen, mein Fräulein; daß Sie mich noch lieben, Minna —

Francisca (herausplatzend). Bald wäre der Spaß auch zu weit gegangen —

Das Fräulein (gebieterisch). Ohne dich in unser Spiel zu mengen, Francisca, wenn ich bitten darf! —

Francisca (bey Seite und betroffen). Noch nicht genug?

Das Fräulein. Ja, mein Herr; es wäre weibliche Eitelkeit, mich kalt und höhnisch zu stellen. Weg damit! Sie verdienen es, mich eben so wahrhaft zu finden, als Sie selbst sind. — Ich liebe Sie noch, Tellheim; ich liebe Sie noch; aber dem ohngeachtet —

v. Tellheim. Nicht weiter, liebste Minna. nicht weiter! (Ergreift ihre Hand nochmals, ihr den Ring anzustecken.)

Das Fräulein (die ihre Hand zurückzieht). Dem ohngeachtet — um so viel mehr werde ich dieses nimmermehr geschehen lassen; nimmermehr! — Wo denken Sie hin. Herr Major! — Ich meynte, Sie hätten an Ihrem eigenen Unglücke genug. — Sie müssen hier bleiben; Sie müssen sich die allervollständigste Genugthuung — ertrotzen. Ich weiß in der Geschwindigkeit kein ander Wort. — Ertrotzen, — und sollte Sie auch das äußerste Elend, vor den Augen Ihrer Verleumder darüber verzehren!

v. **Tellheim.** So dacht' ich, so sprach ich, als ich nicht wußte was ich dachte und sprach. Aergerniß und verbißne Wuth hatte meine ganze Seele umnebelt. Die Liebe selbst, in dem vollsten Glanze des Glückes, konnte sich darin nicht Tag schaffen. Aber sie sendet ihre Tochter, das Mitleid, die, mit dem finstern Schmerze vertrauter, die Nebel zerstreut und alle Zugänge meiner Seele den Eindrücken der Zärtlichkeit wiederum öffnet. Der Trieb der Selbsterhaltung erwacht, da ich etwas Kostbareres zu erhalten habe, als mich, und es durch mich zu erhalten habe. Lassen Sie sich, mein Fräulein, das Wort Mitleid nicht beleidigen. Von der unschuldigen Ursach unsres Unglücks können wir es ohne Erniedrigung hören. Ich bin diese Ursache; durch mich, Minna, verlieren Sie Freunde und Anverwandte, Vermögen und Vaterland. Durch mich, in mir müssen Sie alles dieses wiederfinden, oder ich habe das Verderben der Liebeswürdigsten Ihres Geschlechts auf meiner Seele. Lassen Sie mich keine Zukunft denken, wo ich mich selbst hassen müßte. — Nein, nichts soll mich hier länger halten. Von diesem Augenblicke an, will ich dem Unrechte, das mir hier widerfährt, nichts als Verachtung entgegensetzen. Ist dieses Land die Welt? Geht hier allein die Sonne auf? Wo darf ich nicht hinkommen? Welche Dienste wird man mir verweigern? Und müßte ich sie unter dem entferntesten Himmel suchen: folgen Sie mir nur getrost, liebste Minna; es soll uns an nichts fehlen. — Ich habe einen Freund, der mich gern unterstützet. —

Sechster Auftritt.

Ein Feldjäger. v. Tellheim. Das Fräulein. Francisca.

Francisca (indem sie den Feldjäger gewahr wird). St! Herr Major —

v. Tellheim (gegen den Feldjäger). Zu wem wollen Sie?

Der Feldjäger. Ich suche den Herrn Major von Tellheim — Ah, Sie sind es ja selbst. Mein Herr Major, dieses Königliche Handschreiben (das er aus seiner Brieftasche nimmt) habe ich an Sie zu übergeben.

v. Tellheim. An mich?

Der Feldjäger. Zufolge der Aufschrift —

Das Fräulein. Francisca, hörst du? — Der Chevalier hat doch wahr geredt!

Der Feldjäger (indem Tellheim den Brief nimmt). Ich bitte um Verzeihung, Herr Major; Sie hätten es bereits gestern erhalten sollen; aber es ist mir nicht möglich gewesen, Sie auszufragen. Erst heute, auf der Parade, habe ich Ihre Wohnung von dem Lieutenant Riccaut erfahren.

Francisca. Gnädiges Fräulein, hören Sie? — Das ist des Chevaliers Minister. — „Wie heißen der Minister, da draus, auf die breite Platz?" —

v. Tellheim. Ich bin Ihnen für Ihre Mühe sehr verbunden.

Der Feldjäger. Es ist meine Schuldigkeit, Herr Major. (Geht ab.)

Siebender Auftritt.

v. Tellheim. Das Fräulein. Francisca.

v. Tellheim. Ah, mein Fräulein, was habe ich hier? Was enthält dieses Schreiben?

Das Fräulein. Ich bin nicht befugt, meine Neugierde so weit zu erstrecken.

v. Tellheim. Wie? Sie trennen mein Schicksal noch von dem ihrigen? — Aber warum steh ich an, es zu erbrechen? — Es kann mich nicht unglücklicher machen, als ich bin; nein, liebste Minna, es kann uns nicht unglücklicher machen; — wohl aber glücklicher! — Erlauben Sie, mein Fräulein! (Erbricht und liest den Brief, indeß daß der Wirth an die Scene geschlichen kömmt.)

Achter Auftritt.

Der Wirth. Die Vorigen

Der Wirth (gegen die Francisca). Bst! mein schönes Kind! auf ein Wort!

Francisca (die sich ihm nähert). Herr Wirth? — Gewiß, wir wissen selbst noch nicht, was in dem Briefe steht.

Der Wirth. Wer will vom Briefe wissen? — Ich komme des Ringes wegen. Das gnädige Fräulein muß mir ihn gleich wieder geben. Just ist da, der soll ihn wieder einlösen.

Das Fräulein (die sich indeß gleichfalls dem Wirthe genähert).

Sagen Sie Justen nur, daß er schon eingelöst sey; und sagen Sie ihm nur von wem: von mir.

Der Wirth. Aber —

Das Fräulein. Ich nehme alles auf mich; gehen Sie doch! (Der Wirth geht ab.)

Neunter Auftritt.

v. Tellheim. Das Fräulein. Francisca.

Francisca. Und nun, gnädiges Fräulein, lassen Sie es mit dem armen Major gut seyn.

Das Fräulein. O, über die Vorbitterin! Als ob der Knoten sich nicht von selbst bald lösen müßte.

v. Tellheim (nachdem er gelesen, mit der lebhaftesten Rührung). Ha! er hat sich auch hier nicht verleugnet! — O, mein Fräulein, welche Gerechtigkeit! — welche Gnade! — Das ist mehr, als ich erwartet! — Mehr, als ich verdiene! — Mein Glück, meine Ehre, alles ist wieder hergestellt! — Ich träume doch nicht? (indem er wieder in den Brief sieht, als um sich nochmals zu überzeugen.) Nein, kein Blendwerk meiner Wünsche! — Lesen Sie selbst, mein Fräulein; lesen Sie selbst!

Das Fräulein. Ich bin nicht so unbescheiden, Herr Major.

v. Tellheim. Unbescheiden? Der Brief ist an mich, an Ihren Tellheim, Minna. Er enthält, — was Ihnen Ihr Oheim nicht nehmen kann. Sie müssen ihn lesen; lesen Sie doch!

5.Aufzug 9.Auftritt.

Das Fräulein. Wenn Ihnen ein Gefalle damit geschieht, Herr Major — (Sie nimmt den Brief und liest.)

„Mein lieber Major von Tellheim.

„Ich thue Euch zu wissen, daß der Handel, der mich „um Eure Ehre besorgt machte, sich zu Eurem Vortheil „aufgeläret hat. Mein Bruder war des nähern davon „unterrichtet, und sein Zeugniß hat Euch für mehr, als „unschuldig erkläret. Die Hofstaatskasse hat Order, Euch „den bewußten Wechsel wieder auszuliefern, und die „gethanen Vorschüsse zu bezahlen; auch habe ich befohlen, „daß alles, was die Feldkriegscassen wider Eure Rech= „nungen urgiren, niedergeschlagen werde. Meldet mir, „ob Euch Eure Gesundheit erlaubet, wieder Dienste zu „nehmen. Ich möchte nicht gern einen Mann von Eurer „Bravour und Denkungsart entbehren.

„Ich bin Euer wohlaffectionirter König 2c."

v. Tellheim. Nun, was sagen Sie hierzu, mein Fräulein?

Das Fräulein (indem sie den Brief wieder zusammenschlägt und zurückgiebt). Ich? nichts.

v. Tellheim. Nichts?

Das Fräulein. Doch ja: daß Ihr König, der ein großer Mann ist, auch wohl ein guter Mann seyn mag. — Aber was geht mich das an? Er ist nicht mein König.

v. Tellheim. Und sonst sagen Sie nichts? Nichts in Rücksicht auf uns selbst?

Das Fräulein. Sie treten wieder in seine Dienste;

der Herr Major wird Oberstlieutenant, Oberster vielleicht.
Ich gratulire von Herzen.

v. **Tellheim.** Und Sie kennen mich nicht besser? —
Nein, da mir das Glück so viel zurückgiebt, als genug ist,
die Wünsche eines vernünftigen Mannes zu befriedigen, soll
es einzig von meiner Minna abhangen, ob ich sonst noch
jemand wieder zugehören soll, als ihr. Ihrem Dienste allein
sey mein ganzes Leben gewidmet! Die Dienste der Großen
sind gefährlich, und lohnen der Mühe, des Zwanges, der
Erniedrigung nicht, die sie kosten. Minna ist keine von den
Eiteln, die in ihren Männern nichts als den Titel und die
Ehrenstelle lieben. Sie wird mich um mich selbst lieben;
und ich werde um sie die ganze Welt vergessen. Ich ward
Soldat aus Partheylichkeit, ich weiß selbst nicht für welche
politische Grundsätze, und aus der Grille, daß es für jeden
ehrlichen Mann gut sey, sich in diesem Stande eine Zeit-
lang zu versuchen, um sich mit allem, was Gefahr heißt,
vertraulich zu machen, und Kälte und Entschlossenheit zu
lernen. Nur die äußerste Noth hätte mich zwingen können,
aus diesem Versuche eine Bestimmung, aus dieser gelegent-
lichen Beschäftigung ein Handwerk zu machen. Aber nun,
da mich nichts mehr zwinget, nun ist mein ganzer Ehr-
geiz wiederum einzig und allein, ein ruhiger und zufrie-
dener Mensch zu seyn. Der werde ich mit Ihnen, liebste
Minna, unfehlbar werden; der werde ich in Ihrer Gesellschaft unveränderlich bleiben. — Morgen verbinde uns
das heiligste Band; und sodann wollen wir um uns sehen,
und wollen in der ganzen weiten bewohnten Welt den still-

ften, heiterſten, lachendſten Winkel ſuchen, dem zum Para-
dieſe nichts fehlt, als ein glückliches Paar. Da wollen
wir wohnen; da ſoll jeder unſrer Tage — Was iſt Ihnen,
mein Fräulein? (die ſich unruhig hin und her wendet, und ihre
Rührung zu verbergen ſucht.)

Das Fräulein (ſich faſſend). Sie ſind ſehr grauſam,
Tellheim, mir ein Glück ſo reizend darzuſtellen, dem ich
entſagen muß. Mein Verluſt —

v. Tellheim. Ihr Verluſt? — Was nennen Sie
Ihren Verluſt? Alles, was Minna verlieren konnte, iſt
nicht Minna. Sie ſind noch das ſüßeſte, lieblichſte, hold-
ſeligſte, beſte Geſchöpf unter der Sonne; ganz Güte und
Großmuth, ganz Unſchuld und Freude! — Dann und wann
ein kleiner Muthwille; hier und da ein wenig Eigenſinn —
Deſto beſſer! deſto beſſer! Minna wäre ſonſt ein Engel,
den ich mit Schaudern verehren müßte, den ich nicht lieben
könnte. (Ergreift ihre Hand, ſie zu küſſen.)

Das Fräulein (die ihre Hand zurückzieht). Nicht ſo, mein
Herr! — Wie auf einmal ſo verändert? — Iſt dieſer
ſchmeichelnde, ſtürmiſche Liebhaber der kalte Tellheim? —
Konnte nur ſein wiederkehrendes Glück ihn in dieſes Feuer
ſetzen? — Er erlaube mir, daß ich bey ſeiner fliegenden
Hitze, für uns beyde Ueberlegung behalte — Als er ſelbſt
überlegen konnte, hörte ich ihn ſagen, es ſey eine nichtswürdige Liebe, die kein Bedenken trage, ihren Gegenſtand
der Verachtung auszuſetzen. — Recht; aber ich beſtrebe
mich einer eben ſo reinen und edlen Liebe, als er. --
Jetzt, da ihn die Ehre ruft, da ſich ein großer Monarch

um ihn bewirbt, sollte ich zugeben, daß er sich verliebten Träumereyen mit mir überließe? daß der ruhmvolle Krieger in einen tändelnden Schäfer ausarte? — Nein, Herr Major, folgen Sie dem Wink Ihres bessern Schicksals —

v. Tellheim. Nun wohl! Wenn Ihnen die große Welt reizender ist, Minna, — wohl! so behalte uns die große Welt! — Wie klein, wie armselig ist diese große Welt! — Sie kennen sie nur erst von ihrer Flitterseite. Aber gewiß, Minna, Sie werden — Es sey! Bis dahin, wohl! Es soll Ihren Vollkommenheiten nicht an Bewunderern fehlen, und meinem Glücke wird es nicht an Neidern gebrechen.

Das Fräulein. Nein, Tellheim, so ist es nicht gemeynet! Ich weise Sie in die große Welt, auf die Bahn der Ehre zurück, ohne Ihnen dahin folgen zu wollen. — Dort braucht Tellheim eine unbescholtene Gattin! Ein Sächsisches verlaufenes Fräulein, das sich ihm an den Kopf geworfen —

v. Tellheim (auffahrend und wild um sich sehend). Wer darf so sprechen? — Ah, Minna, ich erschrecke vor mir selbst, wenn ich mir vorstelle, daß jemand anders dieses gesagt hätte, als Sie. Meine Wuth gegen ihn würde ohne Grenzen seyn.

Das Fräulein. Nun da! Das eben besorge ich. Sie würden nicht die geringste Spötterei über mich dulden, und doch würden Sie täglich die bittersten einzunehmen haben. — Kurz; hören Sie also, Tellheim, was ich fest beschlossen, wovon mich nichts in der Welt abbringen soll —

v. Tellheim. Ehe Sie ausreden, Fräulein, — ich beschwöre Sie, Minna! — überlegen Sie es noch einen Augenblick, daß Sie mir das Urtheil über Leben und Tod sprechen! —

Das Fräulein. Ohne weitere Ueberlegung! — So gewiß ich Ihnen den Ring zurückgegeben, mit welchem Sie mir ehemals Ihre Treue verpflichtet, so gewiß Sie diesen nehmlichen Ring zurückgenommen: so gewiß soll die unglückliche Barnhelm die Gattin des glücklicheren Tellheim nie werden!

v. Tellheim. Und hiermit brechen Sie den Stab, Fräulein?

Das Fräulein. Gleichheit ist allein das feste Band der Liebe. — Die glückliche Barnhelm wünschte nur für den glücklichen Tellheim zu leben. Auch die unglückliche Minna hätte sich endlich überreden lassen, das Unglück ihres Freundes durch sich, es sey zu vermehren, oder zu lindern — Er bemerkte es ja wohl, ehe dieser Brief ankam, der alle Gleichheit zwischen uns wieder aufhebt, wie sehr zum Schein ich mich nur noch weigerte.

v. Tellheim. Ist das wahr, mein Fräulein? — Ich danke Ihnen, Minna, daß Sie den Stab noch nicht gebrochen. — Sie wollen nur den unglücklichen Tellheim? Er ist zu haben. (Kalt.) Ich empfinde eben, daß es mir unanständig ist, diese späte Gerechtigkeit anzunehmen; daß es besser seyn wird, wenn ich das, was man durch einen schimpflichen Verdacht entehrt hat, gar nicht wiederverlange. — Ja, ich will den Brief nicht bekommen haben.

Das sey alles, was ich darauf antworte und thue! (im Begriff. ihn zu zerreißen.)

Das Fräulein (das ihm in die Hände greift). Was wollen Sie, Tellheim?

v. Tellheim. Sie besitzen.

Das Fräulein. Halten Sie!

v. Tellheim. Fräulein, er ist unfehlbar zerrissen, wenn Sie nicht bald sich anders erklären. — Alsdann wollen wir doch sehen, was Sie noch wider mich einzuwenden haben!

Das Fräulein. Wie? in diesem Tone? — So soll ich, so muß ich in meinen eigenen Augen verächtlich werden? Nimmermehr! Es ist eine nichtswürdige Kreatur, die sich nicht schämt, ihr ganzes Glück der blinden Zärtlichkeit eines Mannes zu verdanken!

v. Tellheim. Falsch, grundfalsch!

Das Fräulein. Wollen Sie es wagen, Ihre eigene Rede in meinem Munde zu schelten?

v. Tellheim. Sophistin! So entehrt sich das schwächere Geschlecht durch alles, was dem stärkeren nicht ansteht? So soll sich der Mann alles erlauben, was dem Weibe geziemt? Welches bestimmte die Natur zur Stütze des andern?

Das Fräulein. Beruhigen Sie sich, Tellheim! — Ich werde nicht ganz ohne Schutz seyn, wenn ich schon die Ehre des Ihrigen ausschlagen muß. So viel muß mir immer noch werden, als die Noth erfordert. Ich habe mich bey unserm Gesandten melden lassen. Er will mich noch heute sprechen. Hoffentlich wird er sich meiner annehmen. Die Zeit verfließt. Erlauben Sie, Herr Major —

v. Tellheim. Ich werde Sie begleiten, gnädiges Fräulein —

Das Fräulein. Nicht doch, Herr Major; lassen Sie mich. —

v. Tellheim. Eher soll Ihr Schatten Sie verlassen! Kommen Sie nur, mein Fräulein, wohin Sie wollen; zu wem Sie wollen. Ueberall, an Bekannte und Unbekannte will ich es erzählen, in Ihrer Gegenwart des Tages hundertmal erzählen, welche Bande Sie an mich verknüpfen, aus welchem grausamen Eigensinne Sie diese Bande trennen wollen —

Zehnter Auftritt.

Just. Die Vorigen.

Just (mit Ungestüm). Herr Major! Herr Major!

v. Tellheim. Nun?

Just. Kommen Sie doch geschwind, geschwind!

v. Tellheim. Was soll ich? Zu mir her! Sprich, was ist's?

Just. Hören Sie nur — (redet ihm heimlich ins Ohr.)

Das Fräulein (indeß bey Seite zur Francisca). Merkst du was, Francisca?

Francisca. O, Sie Unbarmherzige! Ich habe hier gestanden, wie auf Kohlen?

v. **Tellheim** (zu Justen). Was sagst du? — Das ist nicht möglich! — Sie? (indem er das Fräulein wild anblickt) — Sag es laut; sag' es ihr ins Gesicht! — Hören Sie doch, mein Fräulein! —

Just. Der Wirth sagt, das Fräulein von Barnhelm habe den Ring, welchen ich bey ihm versetzt, zu sich genommen; sie habe ihn für den ihrigen erkannt, und wolle ihn nicht wieder herausgeben. —

v. **Tellheim.** Ist das wahr, mein Fräulein? — Nein, das kann nicht wahr seyn!

Das Fräulein (lächelnd). Und warum nicht, Tellheim? — Warum kann es nicht wahr seyn?

v. **Tellheim** (heftig). Nun, so sey es wahr! — Welch schreckliches Licht, das mir auf einmal aufgegangen! — Nun erkenne ich Sie, die Falsche, die Ungetreue!

Das Fräulein (erschrocken). Wer? wer ist diese Ungetreue?

v. **Tellheim.** Sie, die ich nicht mehr nennen will!

Das Fräulein. Tellheim!

v. **Tellheim.** Vergessen Sie meinen Namen! — Sie kamen hierher, mit mir zu brechen. Es ist klar! — Daß der Zufall so gern dem Treulosen zu Statten kömmt! Er führte Ihnen Ihren Ring in die Hände. Ihre Arglist wußte mir den meinigen zuzuschanzen.

Das Fräulein. Tellheim, was für Gespenster sehen Sie! Fassen Sie sich doch, und hören Sie mich.

Francisca (vor sich). Nun mag sie es haben!

5. Aufzug 11. Auftritt

Eilfter Auftritt.

Werner mit einem Beutel Gold. **v. Tellheim. Das Fräulein. Francisca. Just.**

Werner. Hier bin ich schon, Herr Major —

v. Tellheim (ohne ihn anzusehen). Wer verlangt dich?

Werner. Hier ist Geld; tausend Pistolen —

v. Tellheim. Ich will sie nicht!

Werner. Morgen können Sie, Herr Major, über noch einmal so viel befehlen.

v. Tellheim. Behalte dein Geld!

Werner. Es ist ja Ihr Geld, Herr Major. — Ich glaube, Sie sehen nicht, mit wem Sie sprechen?

v. Tellheim. Weg damit! sag ich.

Werner. Was fehlt Ihnen? — Ich bin Werner.

v Tellheim. Alle Güte ist Verstellung; alle Dienstfertigkeit Betrug.

Werner. Gilt das mir?

v. Tellheim. Wie du willst!

Werner Ich habe ja nur Ihren Befehl vollzogen —

v. Tellheim. So vollziehe auch den, und packe dich! —

Werner. Herr Major! (ärgerlich) ich bin ein Mensch —

v. Tellheim. Da bist du was rechts!

Werner. Der auch Galle hat —

v. Tellheim. Gut! Galle ist noch das beste, was wir haben.

Werner. Ich bitte Sie, Herr Major —

v. Tellheim. Wie vielmal soll ich dir es sagen? Ich brauche dein Geld nicht!

9*

Werner (zornig). Nun so brauch es, wer da will! (indem er ihm den Beutel vor die Füße wirft, und bey Seite geht.)

Das Fräulein (zu Francisca). Ah, liebe Francisca, ich hätte dir folgen sollen. Ich habe den Scherz zu weit getrieben. — Doch er darf mich ja nur hören — (auf ihn zugehend).

Francisca (die ohne dem Fräulein zu antworten, sich Wernern nähert). Herr Wachtmeister!

Werner (mürrisch). Geh Sie! —

Francisca. Hu! was sind das für Männer!

Das Fräulein. Tellheim! — Tellheim! (der vor Wuth an den Fingern naget, das Gesicht wegwendet, und nichts höret.) — Nein, das ist zu arg! — Hören Sie mich doch! — Sie betrügen Sich! — Ein bloßes Mißverständniß, — Tellheim! — Sie wollen Ihre Minna nicht hören? — Können Sie einen solchen Verdacht fassen? — Ich, mit Ihnen brechen wollen? — Ich darum hergekommen? — Tellheim!

Zwölfter Auftritt.

Zwey Bediente, nach einander, von verschiedenen Seiten über den Saal laufend. Die Vorigen.

Der eine Bediente. Gnädiges Fräulein, Ihro Excellenz, der Graf —

Der andere Bediente. Er kömmt, gnädiges Fräulein —

Francisca (die ans Fenster gelaufen). Er ist es! er ist es!

Das Fräulein. Ist ers? — O nun geschwind, Tellheim —

v. **Tellheim** (auf einmal zu sich selbst kommend). Wer? — Wer kömmt? Ihr Oheim, Fräulein? dieser grausame Oheim? — Lassen Sie ihn nur kommen; lassen Sie ihn nur kommen! — Fürchten Sie nichts! Er soll Sie mit keinem Blicke beleidigen dürfen! Er hat es mit mir zu thun. — — Zwar verdienen Sie es um mich nicht —

Das Fräulein. Geschwind umarmen Sie mich, Tellheim, und vergessen Sie alles —

v. **Tellheim.** Ha, wenn ich wüßte, daß Sie es bereuen könnten! —

Das Fräulein. Nein, ich kann es nicht bereuen, mir den Anblick Ihres ganzen Herzens verschafft zu haben! — Ah, was sind Sie für ein Mann! — Umarmen Sie Ihre Minna, Ihre glückliche Minna! aber durch nichts glücklicher, als durch Sie! (Sie fällt ihm in die Arme.) Und nun ihm entgegen! —

v. **Tellheim.** Wem entgegen?

Das Fräulein. Dem besten Ihrer unbekannten Freunde.

v. **Tellheim.** Wie?

Das Fräulein. Dem Grafen, meinem Oheim, meinem Vater, Ihrem Vater. — — Meine Flucht, sein Unwille, meine Enterbung — hören Sie denn nicht, daß alles erdichtet ist? — Leichtgläubiger Ritter!

v. **Tellheim.** Erdichtet? — Aber der Ring? der Ring?

Das Fräulein. Wo haben Sie den Ring, den ich Ihnen zurückgegeben?

v. **Tellheim.** Sie nehmen ihn wieder? — O, so bin ich glücklich! — Hier Minna! (ihn herausziehend.)

Das Fräulein. So besehen Sie ihn doch erst! — O über die Blinden, die nicht sehen wollen! — Welcher Ring ist es denn? Den ich von Ihnen habe, oder den Sie von mir? — Ist es denn nicht eben der, den ich in den Händen des Wirths nicht lassen wollen?

v. Tellheim. Gott! was seh' ich? was hör' ich?

Das Fräulein. Soll ich ihn nun wieder nehmen? soll ich? — Geben Sie her, geben Sie her! — (reißt ihn ihm aus der Hand, und steckt ihn ihm selbst an den Finger.) Nun? ist alles richtig?

v. Tellheim. Wo bin ich? — (ihre Hand küssend.) O boshafter Engel! — mich so zu quälen!

Das Fräulein. Dieses zur Probe, mein lieber Gemahl, daß Sie mir nie einen Streich spielen sollen, ohne daß ich Ihnen nicht gleich darauf wieder einen spiele. — Denken Sie, daß Sie mich nicht auch gequält hatten?

v. Tellheim. O Komödiantinnen, ich hätte euch doch kennen sollen!

Francisca. Nein, wahrhaftig; ich bin zur Komödiantin verdorben. Ich habe gezittert und gebebt, und mir mit der Hand das Maul zuhalten müssen.

Das Fräulein. Leicht ist mir meine Rolle auch nicht geworden. — Aber so kommen Sie doch! —

v. Tellheim. Noch kann ich mich nicht erholen. — Wie wohl, wie ängstlich ist mir! So erwacht man plötzlich aus einem schreckhaften Traume!

Das Fräulein. Wir zaudern — Ich höre ihn schon.

5. Aufzug. 12. Auftritt.

Dreyzehnter Auftritt.

Der Graf von Bruchsall, von verschiedenen Bedienten und dem Wirthe begleitet. Die Vorigen.

Der Graf (im hereintreten). Sie ist doch glücklich angelangt? —

Das Fräulein (die ihm entgegenspringt). Ah, mein Vater! —

Der Graf. Da bin ich, liebe Minna! (sie umarmend.) Aber was, Mädchen? (indem er den Tellheim gewahr wird.) Vierundzwanzig Stunden erst hier, und schon Bekanntschaft, und schon Gesellschaft?

Das Fräulein. Rathen Sie, wer es ist? —

Der Graf. Doch nicht dein Tellheim?

Das Fräulein. Wer sonst, als er? — Kommen Sie, Tellheim! (ihn dem Grafen zuführend.)

Der Graf. Mein Herr, wir haben uns nie gesehen; aber bey dem ersten Anblick glaubte ich Sie zu erkennen. Ich wünschte, daß Sie es seyn möchten. — Umarmen Sie mich. — Sie haben meine völlige Hochachtung. Ich bitte um Ihre Freundschaft. — Meine Nichte, meine Tochter liebt Sie —

Das Fräulein. Das wissen Sie, mein Vater! — Und ist sie blind, meine Liebe?

Der Graf. Nein, Minna; deine Liebe ist nicht blind; aber dein Liebhaber — ist stumm.

v. Tellheim (sich ihm in die Arme werfend). Lassen Sie mich zu mir selbst kommen, mein Vater! —

Der Graf. So recht, mein Sohn! Ich höre es; wenn dein Mund nicht plaudern kann, so kann dein Herz doch reden. — Ich bin sonst den Officieren von dieser Farbe (auf Tellheims Uniform weisend) eben nicht gut. Doch Sie sind ein ehrlicher Mann, Tellheim; und ein ehrlicher Mann mag stecken in welchem Kleide er will, man muß ihn lieben.

Das Fräulein. O, wenn Sie alles wüßten! —

Der Graf. Was hindert's, daß ich nicht alles erfahre? — Wo sind meine Zimmer, Herr Wirth?

Der Wirth. Wollen Ihro Excellenz nur die Gnade haben, hier herein zu treten.

Der Graf. Komm, Minna; kommen Sie, Herr Major! (geht mit dem Wirthe und den Bedienten ab.)

Das Fräulein. Kommen Sie, Tellheim!

v. Tellheim. Ich folge Ihnen den Augenblick, mein Fräulein. Nur noch ein Wort mit diesem Manne! (gegen Wernern sich wendend.)

Das Fräulein. Und ja ein recht gutes; mich dünkt, Sie haben es nöthig. — Francisca, nicht wahr? (dem Grafen nach.)

Vierzehnter Auftritt.

v. Tellheim. Werner. Just. Francisca.

v. Tellheim (auf den Beutel weisend, den Werner weggeworfen). Hier, Just! — hebe den Beutel auf, und trage ihn nach Hause. Geh! — (Just damit ab.)

5 Aufzug. 13. Auftritt.

Werner (der noch immer mürrisch im Winkel gestanden, und an nichts Theil zu nehmen geschienen; indem er das hört). Ja, nun!

v. Tellheim (vertraulich, auf ihn zugehend). Werner, wann kann ich die andern tausend Pistolen haben?

Werner (auf einmal wieder in seiner guten Laune). Morgen, Herr Major, morgen. —

v. Tellheim. Ich brauche dein Schuldner nicht zu werden; aber ich will dein Rentmeister seyn. Euch gutherzigen Leuten sollte man allen einen Vormund setzen. Ihr seyd eine Art Verschwender. — Ich habe dich vorhin erzürnt, Werner! —

Werner. Bey meiner armen Seele, ja! — Ich hätte aber doch so ein Tölpel nicht seyn sollen. Nun seh ich's wohl. Ich verdiente hundert Fuchtel. Lassen Sie mir sie auch schon geben; nur weiter keinen Groll, lieber Major! —

v. Tellheim. Groll? — (ihm die Hand drückend.) Lies es in meinen Augen, was ich dir nicht alles sagen kann. — Ha, wer ein besseres Mädchen und einen redlichern Freund hat als ich, den will ich sehen! — Francisca, nicht wahr? — (geht ab.)

Fünfzehnter Auftritt.
Werner. Francisca.

Francisca (vor sich). Ja gewiß, es ist ein gar zu guter Mann! — So einer kommt mir nicht wieder vor. — Es muß heraus! (schüchtern und verschämt sich Wernern nähernd.) Herr Wachtmeister —

Werner (der sich die Augen wischt). Nu? —

Francisca. Herr Wachtmeister —

Werner. Was will Sie denn, Frauenzimmerchen?

Francisca. Seh Er mich einmal an, Herr Wachtmeister. —

Werner. Ich kann noch nicht; ich weiß nicht, was
mir in die Augen gekommen.

Francisca. So seh Er mich doch an!

Werner. Ich fürchte, ich habe Sie schon zu viel an-
gesehen, Frauenzimmerchen! — Nu, da seh ich Sie ja!
Was giebts denn?

Francisca. Herr Wachtmeister — — braucht Er
keine Frau Wachtmeisterin?

Werner. Ist das Ihr Ernst, Frauenzimmerchen?

Francisca. Mein völliger!

Werner. Zöge Sie wohl auch mit nach Persien?

Francisca. Wohin er will!

Werner. Gewiß? — Holla, Herr Major! nicht groß
gethan! Nun habe ich wenigstens ein eben so gutes Mädchen, und einen eben so redlichen Freund, als Sie! — Geb'
Sie mir Ihre Hand, Frauenzimmerchen! Topp! — Ueber
zehn Jahr ist Sie Frau Generalin, oder Wittwe!

Ende der Minna von Barnhelm, oder
des Soldatenglücks.

Zu Aufzug I. Auftritt 12.

„Daß ein Feldzug wider den Türken nicht halb so lustig sein kann als einer wider den Franzosen." Dies bezieht sich ohne Zweifel auf die „lustige" Schlacht von Roßbach.

Zu Aufzug I. Auftritt 12.

Unsere Affaire bei den Katzenhäusern. Die Katzenhäuser liegen bei Meißen, Lessing wird den Namen von seiner Schulzeit in Meißen her gekannt haben. In der Geschichte des siebenjährigen Kriegs werden die Katzenhäuser mehrfach erwähnt.

Zu Aufzug I. Auftritt 12.

Prinz Heraklius von Grusien oder Georgien war 1714 geboren. Grusien ward im Jahre 1735 von der Türkei, welcher er bis dahin tributpflichtig gewesen, an Schah Nadir von Persien abgetreten. Dieser begünstigte einen der grusischen Zaren, Teimuras und dessen tapfern Sohn Heraklius; unter des Schah's Schutz vertrieben sie die anderen Landesfürsten und vereinigten Grusien unter ihrem Scepter. Sie residierten in Tiflis. Nach vielen Siegen über einfallende Grenznachbarn führten sie auch glückliche Kriege gegen die persischen Prinzen welche nach Nadir's Tode um den Thron stritten; dennoch fanden sie nöthig sich im Jahre 1752 unter den Schutz der russischen Kaiserin Elisabeth zu stellen. In Folge dessen kämpfte Heraklius im Türkenkriege von 1762 auf russischer Seite, abermals siegreich und ruhmvoll. Er starb 84 Jahre alt im Jahre 1798, sein Sohn ward bald darauf russischer Unterthan.

Der Name des Heraklius war also zu der Zeit als die Minna geschrieben ward, berühmt genug. Hatte Friedrich der Große während des siebenjährigen Kriegs ein Bündniß mit dem Chan der Krimm-Tataren geschlossen, so konnte wohl der Wachtmeister daran denken, in den Dienst des grusischen Fürsten zu treten.

Zu Aufzug IV. Auftritt 6.

Der Wechsel welchen die Stände in Minna's sächsischer Heimath dem preußischen Major Tellheim gegeben haben.

In der Geschichte der früher sächsischen Stadt Lübben, von Neumann, wird erzählt (Abth. I S. 143): „Um Friedrich den Großen zur Fortführung des Kriegs in Stand zu setzen waren ungewöhnliche Anstrengungen erforderlich, und zu keiner Zeit wurden die von ihm besetzten sächsischen Provinzen mit schwereren Lieferungen Contributionen und Rekruten-Aushebungen gedrückt als 1761. Friedrich ging dabei mit unerbittlicher Strenge zu Werke, und die Säumigen sahen sich sofort mit Plünderung und Brand bedroht. So rettete das ständische Landhaus in Lübben nur der Edelmuth des Majors von Marschall, der auf Befehl des Königs von den Ständen binnen drei Tagen eine Contribution von 20,000 Thalern beitreiben, und wenn sie binnen dieser Zeit nicht eingingen, das Landhaus in Brand stecken sollte. Das Geld wurde von Leipzig bezogen und konnte in dieser Frist in Lübben nicht eintreffen, und nur dadurch, daß der Major von Marschall dem Kriegsrath Hirsch seinen Wechsel über 20,000 Thaler, und dieser den Ständen die Quittung über den Empfang dieser Summe ausstellte, entging das ständische Landhaus der Einäscherung.“

Ohne Zweifel hat Lessing dies in seiner lausitzischen Heimath geschehene Ereigniß gekannt und seinem Tellheim angeeignet, mit poetischer Freiheit es ein wenig verändernd. Sonst ist in Tellheim der Major Ewald von Kleist, der Dichter des „Frühlings“, Lessings Freund geschildert. Friedrich Nikolai schrieb an Meinhold in Erfurt 1767: „der Charakter dieses Majors Tellheim ist der lebendige Charakter des sel. Kleist und hat deswegen für mich eine besondere Rührung gehabt.“

Das Bildniß Lessings ist nach einem Oelgemälde gestochen, welches der Ueberlieferung nach von dem berühmten Maler Johann Heinrich Tischbein dem älteren gemalt ist und sich jetzt in der National-Gallerie zu Berlin befindet. Es ist aus der Zeit wo Lessing die Minna von Barnhelm schrieb. Herr Professor Hugo Bürkner in Dresden hat es in Kupfer radiert.

Die zwölf Scenen aus dem Lustspiel sind Kopien von Radierungen, welche Daniel Chodowiecki für den Berliner Genealogischen Kalender von 1770 verfertigt hat. Diese treuen und geistreichen Kopien sind von Herrn Adolf Neumann in Leipzig in Kupfer radiert.

CPSIA information can be obtained at www.ICGtesting.com
Printed in the USA
BVOW01s0158240914

367978BV00036B/581/P